中国易学文化传承解读丛书

六壬经典汇要

陈公献
程爱函 原著

徐伟刚 点校

中国商业出版社

图书在版编目(CIP)数据

六壬经典汇要 / (明)陈公献,(明)程爰函著；徐伟刚点校. —北京：中国商业出版社，2010.7
(中国易学文化传承解读丛书)
ISBN 978-7-5044-6948-9

Ⅰ.①六… Ⅱ.①陈… ②程… ③徐… Ⅲ.①占卜—研究—中国 Ⅳ.①B992.2

中国版本图书馆 CIP数据核字（2010）第 119578 号

责任编辑　刘毕林

中国商业出版社出版发行
010-63180647　www.c-cbook.com
(100053 北京广安门内报国寺 1 号)
新华书店总店北京发行所经销
北京龙跃印务有限公司印刷
*
710×1000 毫米　1/16 开　20 印张　200 千字
2010 年 8 月第 1 版　2010 年 8 月第 1 次印刷
定价：40.00 元

* * * *

(如有印装质量问题可更换)

《中国易学文化传承解读丛书》出版前言

中国传统文化以诗、书、易、礼、春秋为源头经典。《三字经》上曾讲“诗、书、易，礼、春秋，号六经，当讲求”，又说“有连山，有归藏，有周易，三易详”。在这六种（其中礼，有周礼、礼记二种）经典中，又以易经为最重要的经典。儒家将其列为群经之首，道家将其列为三玄之冠。因此，武汉大学哲学学院博士生导师唐明邦教授将易经称之为“中华文化的源头活水”。

易经文化的传承，一向分为两大部分，一部分是义理的传承，主要从哲学、政治学、社会学、伦理学等人文科学的方面进行阐释、发挥，以指导现实社会发展的方方面面；另一部分就是数术的传承，主要从未来学、预测学、咨询文化的角度进行阐释、发挥，乃至创新、改造，以适应现实社会生活和各色人等的心理咨询需求。

该套丛书，虽然也有部分文章着重从义理方面进行阐发解读，但大部分著作主要是从数术角度进行传承，进行解读。这十几部书涉及到数术中的绝大部分种类，既有古代称之为“三式”的太乙、奇门、六壬，又有八卦、六爻、梅花易数以及四柱命理等，都是作者近几年最新的研究和实践成果。

数术文化，源远流长。中华传统文化从本质上讲是一种没有宗教的文化(所谓本土宗教道教，也是在佛教等外来宗教传播的形势下，才以道家老子为鼻祖而新创的一种宗教)，而易经数术文化在中国历史上在一定意义上发挥着“准宗教”的作用，起着抚慰广大人民心灵的作用，换言之，发挥着社会心理学的作用。这就是它“野火烧不尽，春风吹又生”，能够顽强生存下来，得到持久传承的原因。即使到现代科学如此昌明的今天，有人称之为电子时代，信息化社会，但它不仅未能消亡，反而仍然在生生不息地传承着。

当今社会上人们对数术文化有着不同见解和看法。有人将它斥为“封建迷信”，有人将其视为“预测学”或“民俗学”，也有少数人盲目痴迷它，但大多数人处于不了解的状况。

为了使广大读者能够深层次地了解传统文化中的数术文化，以便独立地确定自己的意见和见解，我们出版了这部“中国易学文化传承解读丛书”，参与解读的作者都是个人研究的心得和实验的成果，正确与否，只是一家之言，一得之见。广大读者可以从中辨别真伪，或赞同，或批判，或质疑，或否定。

本丛书的很多内容讲的是预测及占筮技术。对此，我们比较赞同著名作家柯云路先生的观点，他在给本丛书之一的《梅花新易》一书的序中写道：“占筮技术在当今的实际应用则是该谨慎的。一个，是因为这种占筮技术本身的作用还是有其限度的，现代人该更多依靠科学决策。另一个，这一行良莠不齐，很容易给各种江湖骗子可乘之机。所以，对于一般大众来讲，我的告诫常常是：命一般不算，起码要少算。算错了，被误导，就真不如不算，那很有损害。而要真正使自己活得好，倒是该从大处掌握《易经》中的道理，那就是乾卦讲的‘天行健，君子以自强不息’，还有坤卦讲的‘地势坤，君子以厚德载物’。大的道理是十分简易的，再加上做事中正，为人诚信，与时偕行，知道进退，《易经》的大道理就都有了”。

目　录

六壬指南

壬　归

壬学琐记

点校前言

《六壬经典汇要》一书，主要收录了六壬古籍《六壬指南》、《壬归》《壬学琐记》三本书。此三本古书，在一定程度上可以视作为中国传统六壬学中的经典之作，也是历代习六壬者，必读必研究的三部壬书。

《六壬指南》明末清初期淮阴陈公献先生手著，为明清壬学研究中的一部重要巨著，此书主要记录了作者一生占验的六壬课案，对于如何运用六壬进行人事之占有着极重要的参考价值。《壬归》一书，只是流行于民间的六壬秘籍，不知作者名氏，但此书提出的六壬“象占”观点，为研壬者开拓出了一条壬占正思路，是为研究六壬的重要方法论书。《壬学琐记》为清代壬学家程爱函先生一生研壬心得，对于辩别壬学中的种种是非困惑，都有正本清源之功效，是壬学中发明方向的辩正书。

六壬作为传统易学术数文化中的重要一员，对于今天研究者来讲，如何学习继承就成为当务之急。我的观点是，研究传统术数文化，第一条就是继承，而继承的第一步工作就是研究古人先贤的理论观点，这就是要研读古书。千里之行，始于足下，这也就是研究传统六壬的起点工作。

自我 2004 年在国内出版第一部六壬专著《袖里乾坤——大六壬新探》一书以来，易学界内已有一大批人在研究六壬了，这种可喜的现象说明了六壬在现代社会的凤凰重生，展示出其古老的生命永远生生不息。但是，大道出，奸诈生，很多动机不纯的习壬者将六壬视为猎取名利的工具，于是乎号称各种“某氏”“某家”“某派”的六壬歪理邪说不断出现。这些歪理邪说的基本特点就是不尊重传统，不重视先贤，污蔑经典，自称为王，不可一世。就我研究六壬二十多年的经历所知，在六壬的历史上从来没有出现过

“什么派”的六壬流派。现在中国壬学界出现的这些“某氏”“某家”“某派”六壬，全是一些人自己瞎编胡造出来，用来欺蒙世人。所以，当今时代有缘习六壬者，一定要睁大眼睛，凡是宣称“某氏”“某家”“某派”之六壬“理论”者，基本上不可相信。只有尊重传统、尊重先贤、重视经典者，才是可信的学壬之路与惟一法门所在。

《六壬经典汇要》一书的点校出版，也就是为了真正传承六壬先贤的正统理论，旨在粉碎当代壬学研究与流传中的各种“歪理邪说”，让六壬先贤的思想光辉在这个时代继续闪亮。

本书点校出版主要做了四个方面工作：

一、将古书中的繁体字全部改为简体字，以方便现代人的阅读与研究。

二、对古书中原文进行了断句，加了标点，并改竖排为横排。

三、对古书中的原文进行了校勘，对于一些明显错字、别字进行了改正，力求原文上下脉络的流畅与文意上的清晰。

四、对古书中的六壬课式进行了统一重排，力求形式上的完整与美观。

最后，要说明的是，我们的点校工作不会尽善尽美，肯定有各种各样的不足，希望读者发现问题可以告诉我们，以便今后有机会作更细的修正。

徐伟刚

2010 年 6 月 15 日中午于北京

六壬指南

陈公献　原著
徐伟刚　点校

《六壬指南》简介

《六壬指南》一书由明末清初六壬名家陈良谟先生手著。陈良谟：字公献，江苏淮阴人。陈公献先生在数术上是“潜究六壬，寒暑不辍”，可以做到“纵口而谈，无不翩翩其中”，可想陈公献先生六壬水平之高超。

《六壬指南》全书共分五卷：

卷一：注释心印赋。“心印赋”此一赋文基本是对壬学常识、基本元素、结构等方面的大体论述，是为六壬基础性赋文之一。

卷二：注释九天玄女指掌赋。“指掌赋”的价值远远高于“心印赋”，它对较复杂的六壬九宗门、四课关系、三传关系、课体、类神、占断要点作了全面论述，是为六壬较具参考价值的综合赋文之一。

卷三：六壬会纂。该卷是公献先生精研壬学对各类人事专题占法综合总结作的七言赋文，这部分内容较具实用价值。

卷四：六壬占验。为全书中的重点与精华所在，本卷共收录了占验课案 125 例，充分反映了陈公献断课风格：易简精妙、举重若轻；一针见血、鞭辟入里。

卷五：神煞指南。由公献先生好友庄公远编撰，以年月季干支旬为线索，贯串起全部神煞，并且作了系统梳理与辨讹，为研究者运用认知神煞提供了方便之门。

《六壬指南》一书自成书以来，备受后人的重视，被认为继宋代邵彦和先生以来的又一壬学经典，它的历史价值将会永放光芒。

序

世之谈壬式者，靡不自矜神哲，口吐长河，肤征其应验，不能无相左焉。余潜心此术，几二十载，恒叹其奥妙难穷，虽占断之后，颇有奇中。每以未获异人指点为歉，凡君子至斯，未尝不造庭相谒，叩其所长。庚寅仲春，因访公献陈君于邗上，公献纵口而谈，悉本于理，及考其事，应如左券。然询当世之管郭，后起之秀袁詹欤，因语之曰：与其藏之匮中，无宁悬之国门乎？公献曰：唯唯。爰简占验百余条，与所作之分门会纂，播诸梨枣。其所增注先贤之心印指掌二赋，易知简能。及公远庄君所著之神煞图位，辟讹定误，皆指南捷径。仍因合并付梓，公诸同好，亦吉凶同患之遗意云尔！噫！斯道久湮，绝学难继；神而明之，存乎其人矣！

顺治壬辰阳月，新安程起鸾翔云氏，题于白下之崇德堂

小引

余初习制举业，先大人谕以八股，投时美技也。然而窥天人奥。崇帝王师，非异书不为功；每有奇闻，辄欣赏之，以故阅九流陈言，间废寝食。一日读三式帙，知自九天玄女为灭蚩尤，授之轩辕，内六壬更饶繁剧，非九年面壁，莫镜其源，食精蕴可以养性全身，吐余绪可以料敌知胜。上六千百年，周有子牙、越有少伯、汉有子房，三国迄今仅蜀孔明青田而已，岂寻常章句之士，随处不立人哉！崇祯甲申，督师史元辅羽檄征余，再及而应，置之于礼贤前席，题授中州司理，取道淮阴，得遇陈子公献，印证所学，相叹伯乐不常有也。公献以维扬将家子，自祖父及昆季，文苑武虎，著声海内。又生而膂勇，耽习奇技，《太公》、《阴符》诸篇以及黄老之术，了然胸次。向请缨于大司马王霁宇先生，出门上书屯田，见知受在，劳有成效，忽为谗阻，功志未竟，识者惜之。潜究六壬，寒暑不辍。访学燕京，与凉松亭、何半鹤二公齐名，繇是冠盖问奇者，日无虚晷，纵口而谈，无不翩翩其中。好事者为嘉赏，分类纂编，摘计百数有奇，乞以尽事之概。外《心印赋》、《指掌赋》为之注解，更历试诸经，编成会纂一册，并付剞劂，以广其传，加阅心镜、毕法、五变、中黄，约而可征，管而能远，指南捷径，无逾于此。此盖迷津之筏，夜行之炬也。精而研之，理入牛毛，响应桴鼓，又奚必泛求诸篇，以滋惑也耶？特为首引！

今上元仲夏谷旦　南州吾弟周元曙龙随氏题于邗之甓湖社

卷一　注释心印赋

广陵陈良谟公献增注

新安程起鸾翔云删定

古歙庄广之公远校正

六壬如入，先明日辰

六壬运式，先以日辰为根本也。日尊，故曰天干，辰卑，故曰地支。亥子丑应于北方，寅卯辰应于东方，巳午未应于南方，申酉戌应于西方，即地盘也。天干者甲乙东方木、丙丁南方火、戊己中央土、庚辛西方金、壬癸北方水。入式之法：甲课在寅、乙课在辰、丙戊课在巳、丁己课在未、庚课在申、辛课在戌、壬课在亥、癸课在丑，而不居卯午酉子者，以正位不敢当。故阳干居禄神所在，而阴干居禄神前一位也。

以月将加占时之上

月将即日宿太阳也。正月雨水后，日躔娵訾之次入亥宫，乃登明将也；二月春分后，日躔降娄之次入戌宫，乃河魁也；三月谷雨后，日躔大梁之次入酉宫，乃从魁将也；四月小满后，日躔实沈之次入申宫，乃传送将也；五月夏至后，日躔鹑首之次入未宫，乃小吉将也；六月大暑后，日躔鹑火之次入午宫，乃胜光将也；七月处暑后，日躔鹑尾之次入巳宫，乃太乙将也；八月秋分后，日躔寿星之次入辰宫，乃天罡将也；十月小雪后，日躔析木之次入寅宫，乃功曹将也；十一月冬至后，日躔星纪之次入丑宫，乃大吉将也；十二月大寒后，日躔玄枵之次入子宫，乃神后将也。每以此值月之将而加来人所占之正时上，顺布十二宫辰，即天盘也。假令正月雨水后日躔娵訾乃亥将登明也，如午时则用亥加午、子加未，顺行十二辰是也，余仿此。

视阴阳为四课之分

天干阳也，干上得者曰日，干上阳神为第一课，乃阳中之阳也；地支阴也，支上得者曰辰，支上阳神为第三课，乃阴中之阳也。干上阴神为第二课，乃阳中之阴也，支上阴神为第四课，乃阴中之阴也。夫月将加时则无极而太极也，加时而有天盘动而生阳、地盘静而生阴，乃太极生两仪也，至于干支分而四课布，非两仪生四象乎？故曰一阴一阳之为道，阴阳不测之谓神。

贼克为初用之始相因作中求之身

四象既布，则八卦生矣，四课阴阳既具，须求三传以为发用，则以四课上下审之。若有一下克其上神者，虽有二三之上克下不论矣，名曰重审课。若四课中并无下克，惟一上神克下取而用之，名曰元首课。重审者，重复审详也，元首者别无下克而亭亭然，有首出庶物之象也。俱以所得发用为初传，以初传地盘上所乘者为中传，以中传地盘上所乘者为末传，曰相因也。

克多比用涉害

重审不过一下贼，若四课中有二三四下贼者，非审矣。元首不过一上克，若四课中有二三四上克者非首矣。上克下曰克，下克上曰贼，阳与阳比，虽二三四阴勿论也。若乙丁已辛癸为阴日，而用一丑卯巳未酉亥之神，阴与阴比，虽二三四阳勿论也，故曰比用也。然又曰知一者，何也？盖阳知用一阳爻而不知有阴也，阴知用一阴爻而不知有阳也。若夫阴日止用一阴，今而有二阴三阴四阴矣，阳日止用一阳，今而有二阳三阳四阳矣，则名之曰涉害课。先以寅申巳亥上乘之神为用，则涉之深而建，名曰见机。盖有害者不可不见机明，若保身之义也。若孟神上无克贼，则以子午卯酉上乘之神为用，此涉之浅而又名察微。盖见于明者不可不究其精微，履霜坚冰至之意也，其中末必如贼克之相因。

无克是以遥嗔

若四课上下全不相克贼，则以日干为主，而与第二三四课相对较之，若有一上神克日干者，取以为用，名神遥克日，曰蒿矢课，以彼能遥伤于我而似矢也；何以蒿名之？盖上下相克力勇，而有贼克之称，斯遥远力绵，虽克而犹蒿而已。若无克日干者，则视日干遥克彼三上神矣，若有一上神被日干克者取以为用，名曰遥克神，曰弹射课，以我能遥伤于彼而似射也，何以弹名之？盖亦因其射远力薄，取象于弹丸而已。如有二克或克二者，亦如比用之法。三传相因，亦如贼克之例。

大昴星当俯仰于酉上

若四课既无克而复无遥，则为昴星矣。盖遥克力轻，取象于蒿，取象于弹，况无遥克而独天盘地之酉金作用，其力尤轻之至，而应事则未免明之微矣。故以酉中之昴星为名，言其明之微，虽七星相聚，非至明之目不能辨也。阳日则取酉上所得之神为发用，有日将出而鸡鸣仰首之义也。阴日则取酉下所得之神为发用，有日将暮而虎视俯首之义也。阴则日作中传，辰作末传；阳则辰作中传，日作末传；不惟阴阳迭迁，而终有返本之象也。

若别责取干支之合神

如四课有首尾相同为三课者，有二三课相同为三课者，名曰不备，言四课不全，不完备也。其不备课中无贼克无遥克，不可以昴星取例，四课昴星，三课别责也。若阳日得之，以天干之合位上乘者取为用神。合者，甲己、乙庚、丙辛、丁壬、戊癸六合也。干阳尚有动用之机也。若阴日得之，以地支之三合前一位用之，而不用乘神矣，静之机也。三合前一位者，如巳酉丑、亥卯未，酉日用丑，丑日用巳，未日用亥是也。中末不问阴日阳日，并以干上所乘者为之。

伏返以刑冲为定

若诸神归于本位，如子加子、午加午之类乃伏吟之象也。有克者取克，不过癸乙二干而已。无克者，阳日自干上发传，阴日自支上发传，迤逦三刑而为三传也。若初传值自刑，则中传阳日用支，阴日用干，仍取刑为末传也。倘逢中传自刑者，末传以冲神为之矣。夫刑有三者：一字刑乃午刑午、辰刑辰、酉刑酉、亥刑亥自刑也；二字刑乃卯刑子、子刑也；三字刑乃丑刑戌、戌刑未、未刑丑也，寅刑巳、巳刑申、申刑寅也。返吟乃子加午、卯加酉上下二神，各临冲射之位也，克之少者重审元首，克之多则知一涉害取之，三传初末相同而冲乎中传。若夫丁未、己未、辛未、丁丑、己丑、辛丑，四课无克乃名无依，以支神之井栏冲射止所得之神以为初用，而日支所乘为中传，日干所乘为末传，夫井栏者，丑冲未、巳冲亥也。

八专以逆顺为真

若干支同处一位，则四课中止得二课矣。有克仍从贼克、比用、涉害三法取用，无克不复取遥矣。盖遥者，远也，干支同位，何远耶？止用八专之法而用之。如阳日则顺从干上阳神得三而止；阴日则逆从支上阴神得三而止，是为发用也；中末二传概用干上所乘神为之。

天乙居中后六前五

天乙乃贵人也，此神居紫微垣之门，主持上帝征伐以行令于人间，应己丑之土，有止戈之武，统驭十二神。在天门之前、地户之后则顺行，若居地户之前、天门之后则逆行。其神后有六位，乃天空、白虎、太常、玄武、太阴、天后也；前有五位乃螣蛇、朱雀、六合、勾陈、青龙也。

解纷必嘱事于童仆

贵人居子曰解纷，曰解除纷纭扰攘也。盖子乃夜半安居之神，故得解去纷扰而坦腹。然既为至贵，日有万机，虽无君象，贵臣宰辅代天宣化事，亦同天子之劳，恐其芜脱遗漏，故嘱事于有用之童仆，庶不负国漠民矣。

升堂宜投书于公府

贵人居丑曰升堂，乃本位属己丑故也。升堂则有泰山岩岩之象，非可私干，必欲见之，宜持书或移文，必以正大光明，然后可于公堂府第见之。

凭几可谒见于其家

贵人居寅曰凭几。盖功曹乃案牍碎琐之象，贵人有暇必亲于典籍也。当此可乘之机，虽细务亦可相干，可就私第谒之，而非公堂之比也。

登车宜诉词于路

贵人居卯曰登车。卯乃轩车之象，既升车则非私家又非公署，若非紧急事，岂可唐突于贵人之前耶？若被屈或遭豪暴，非陈于有位之正人，何得雪斯沉辱哉？不得不俯于路而哀达其情也。

巳午受贡兮君喜臣欢

贵人居巳午曰受贡，乃相生助，非不遂之方，既贡则以贱事贵，以贵卜贱，君喜臣悦，忘其授受之私，贡者受者俱不越度之象。

辰戌怀怒兮下忧上辱

贵人居辰曰天牢，居戌曰地狱，非法之地必非法之人而后入之，何贵人而居此乎？文王囚羑里，亦莫非天所使耳。在上者有此非常之辱，则俯仰于彼者，乌得不忧乎？

移途则有求干之荣

贵人居申为移途。盖传送乃道路之神，贵人在嬉游衍时也，因而获便，以求其进用之私，乘间而行，必荣遂矣。

列席则有酒筵之娱

贵人居未曰列席。盖未为夜贵，二贵相会入贵家，故有筵会之象，托贵干贵事无不遂矣。

还绛宫坦然安居

贵人居亥口还绛宫，又曰登天门，此时六凶俱藏。盖蛇雀之火而伏于水，勾陈天空之土而伏于木，白虎之金伏于火，玄武之水而伏于土，且亥乃夜方，日之劳扰者至此而坦然安居矣。

入私室不遑宁处

贵人居酉曰入私室。盖酉为日月出入之门，有私门之号也。夫贵达而在上，致君泽民，律身行己自当持正，以至难进易退。趋谒于私门则律己不正，而清议所不容矣，岂遑宁处也？

但见螣蛇惊疑扰乱

前一螣蛇乃丁巳火神也，主火光、惊疑、忧恐、怪异，盖凶神也，以其离贵人前一位，故曰前一也。

掩目则无患无忧

螣蛇居子曰掩目。不惟子水克螣蛇之巳火，且居夜方有掩目之象，蟠伏栖息之时，其凶焰无所施，无患无忧矣。

蟠龟则祸消福善

螣蛇居丑曰蟠龟。盖丑中有暗禽星龟也，夫蛇与龟姤亦离坎交济象，岂复有祸心于人哉？是以祸消，占者修善以立身，斯福不穷矣。

生角露齿祸福两途

螣蛇居寅曰生角。盖火生于寅，荣旺之极，化蛟化龙，此为贪荣不祸，是以为福。

螣蛇居酉曰露齿。盖火制乡，猖獗得志之地，且金石地无食，被蛇肆毒含饕，求口腹之计为祸，得此者退藏于密可也。

乘雾飞空休祥不辨

螣蛇居巳曰乘雾。以雾为隐，虽毒目无所见，毒不得肆身，得此者仍宜避之。盖雾之蒙，彼固目迷矣，而我至此独不迷哉？倘误犯之，为其所噬，悔何及矣。

螣蛇居午曰飞空，以蛇飞空化龙化蜃之气也。彼有此大志始有此大为，岂复毒人？纵彼不毒人，在我仍宜避之，不失为明哲。

入林兮锋不可砍

螣蛇居未曰入林。未乃木库，以土有木，非林之象乎？林麓栖止，既有所蔽矣，其穴必深，当虽有刀锋，无所施其利也。彼螣蛇有此优游之乐，必无肆祸之心，占者无所忌矣；然逢林有蛇，还当莫入。

坠水兮从心无患

螣蛇居亥曰坠水。蛇能水居，则随波逐流，鱼虾为食，似无横路毒人之欲；在我则任其往返周旋，岂不从心所欲哉？

当门衔剑总是成灾

螣蛇居卯曰当门。卯乃日月之门，则出门即被其害矣，有备者无害也。得此者预为之计，不待彼奋起而攻其不意；若趋而不顾，斯堕其害矣。

螣蛇居申名衔剑。申者金刃象也，金刃乃斩彼之物，而胡为彼所衔哉？火能克金，得以猖獗逞妖衔剑，盖异且妖之象；占得者惟退潜而避之，彼凶不能处，妖氛息而吾复何患哉？

入冢而象龙并为释难

螣蛇居戌曰入冢。戌乃火库，有蛇入墓之象。彼深居而简出，吾往过虽不免小心惴惴，而彼非蟠伏路途之比也。

螣蛇居辰曰象龙。蛇乃龙之从也，有化之机，若入龙之穴，有随化之义。夫彼贪上达必热于中，岂复深为我患哉？故可释难。

朱雀南方文书可防

前二朱雀乃丙午火神也，故曰南方、文书、司讼、章奏、口舌之神，主火光怪异，去贵人二位，故曰前二。

损羽也自伤难逃

朱雀居子曰损羽。朱雀乃丙午火而加临水乡，有损羽之象，羽翼不成，进飞必难矣。占得此者文书无气，而词讼口舌不凶也。

掩目也动静得昌

朱雀居丑曰掩目。丑亦北方水气之余，制朱雀之火，有投江破头之喻。盖彼既目瞑，吾得有为矣；动静俱吉，无口舌之忧，讼息而文书不行也。

安巢兮迟滞沉溺

朱雀居寅卯曰安巢。盖二木皆火生助之神，且有山林之象，雀至山林，结巢砌垒，育子贪荣。占者所喜有口舌消亡之义，而曰迟滞沉溺者，盖卜文书章奏事，未免淹滞而沉溺。

投网兮乖错遗忘

朱雀居辰戌名投网。辰戌名天罗地网，且戌为雀火库，而辰戌对宫有丘墓象也，故曰投网；夫以朱雀之凶入此不得飞扬，占者所喜也；故曰乖错遗忘，亦指文书事。

厉嘴衔符怪异经官语讼

朱雀居申曰厉嘴。申金也，朱雀至此能克制其方，得志之处也；厉嘴奋啄，所以口舌尤旺也，望文书固有气，而他占则讼诉之象，凶不可免。

朱雀居午曰衔符。古名真朱雀，有微细之讼，常人之忧也。若士子入场，斯高中矣。

临坟入水悲哀且在鸡窗

朱雀居未曰临坟。言其巢于古墓之象，夫巳午未申俱在上，有飞空而翱翔之义。朱雀得肆之时也，主口舌不细，故曰悲哀，妻孥乌有不悲者乎？

朱雀居亥曰入水。火入水乡有投江之象，乃甚喜矣，凶神无气，何曰悲哀？盖亦指文书动用而言耳；若有急用文词不能得用，亦悲也。

官灾起盖因夜噪

朱雀居酉曰夜噪。亦火制金乡，得以奋志为恶，其性好乱便生口舌，得此者必官非不免。又且酉为门户，口舌入门非官灾而何？

音信至都缘昼翔

朱雀居巳曰昼翔。以巳未交午乃白昼象，雀至此最为有气，占凶则口舌词讼，占喜则起用文书，望人书信俱至。

粤有六合之神婚姻佳会

前三六合，乃二卯木神也，六合主和合、成就、宴会、婚姻，又名私门；以其离贵人三位，故曰后三。

待命和同

六合居亥曰待命。亥乃天门；我欲成就公私事端，来天门之下，待命必成，故曰和同。

不谐惊悖

六合居巳曰不谐。盖六合木入于火乡，烟灭灰飞，不吉矣，凡占忧惧不免。

反目兮无礼之事端

六合居子曰反目。子水也，六合木也，何为反目？盖无礼之刑也。凡事必起于无礼，以致彼此不投而有反目也。

私窜兮不明之囚地

六合居酉曰私窜。以卯酉为私门，六合又乙卯之属，以私并私，以门复门，乃出入私门逃窜。且六合之木而临从魁之金受克，故囚地重复私阴，故曰不明。此者惟奸淫阴私是利，而正大反殃也。

乘轩结发从媒妁而成欢

六合居卯曰乘轩，六合居申曰结发。卯乃轩车，故为乘轩；申庚卯乙相合故结发，故结发；以从媒妁之言而有欢成之庆也。

违理亡羞因妄冒而加罪

六合居辰曰违理，六合居戌日亡羞。盖六合本属乙卯，卯辰有六害之凶，故居辰为违理；若临戌以己之私门而自就戌，以为六合苟合乃亡羞之征；占得此者必因自失检约，以招罪愆，非干人之害我也。

升堂入室并为已就之占

六合居午曰升堂。六合发卯曰入室，午为离位，似为升堂；卯则六合本位，故入室；二者合于堂合于室，岂非已就乎？凡占得此皆可成遂。

纳采妆严总是欲成之例

六合居丑曰纳采。六合居未曰妆严,六合临丑乃贵之本垣也，以贱谒贵，妆饰不得不严，所以事上也；居未乃卯未有合庆，且太常酒食帛物之乡，似纳采之喜也；占得之者何事不可成也。

或逢勾陈发用必然斗讼争官

前四勾陈，乃戊辰土神也，主征伐、战斗、词讼、争论田土事；以其去贵人四位，故曰前四。

更遇受越投机被辱暗遭毒害

勾陈居丑曰受越，勾陈居子曰投机。丑乃贵人之乡，以争神而入贵地，乃受迈越之讼诉而勾陈肆其侮于人也。若至子，乃土能克制之，适所以投其狂妄之机，尤可以展其奋忿之心；占得之者，亦惟忍而已矣。

遭囚兮宜上书

勾陈居寅遭囚。勾陈遇寅乃克制之方，故有遭囚之象；宜上书者，彼凶既衰，而我得发上言，告发其积害成愆之状；若不于此时制之，则过时仍肆虐而物受其害矣。

捧印兮有封拜

勾陈居巳曰捧印。巳乃铸印之方，而勾陈铸印之模范也，印铸而成以捧奉其上，非封拜而何？君子见之迁擢极速，常人见之反为可忧，自非有不法等情，何干于印信也？

临门兮家不和

勾陈居卯曰临门。卯本日月之门，勾陈争斗之神入之，是争神进门矣，必家不和，以致抢攘纷更，人眷非宁，盖亦破败之征也。

披刃兮身遭责

勾陈居酉曰披刃。以酉金为凶器矣，况又阴爻肃煞之气与勾陈之戊辰生合，彼凶斗之神而持此凶，岂有善念哉？然非理之举，法所不容，终于遭责，占者惟避其凶可也。

升堂有狱吏以勾连

勾陈居辰曰升堂。勾陈本属戊辰，入辰非升堂而何，其神主斗讼勾连，故至辰则有狱吏勾连之应，知机君子生平无非礼之举，不过因他人之不法而及之耳。

反目因他人而逆戾

勾陈居午曰反目。午火生勾陈，而何曰反目也？以勾陈好斗讼而午火真朱雀，尤讼之最者也，彼此皆反面相贼之神，孰肯相容耶？故有反目之象。君子占之，必被小人之逆戾，余波以及之耳。

入驿下狱往返词讼稽留

勾陈居未曰入驿。勾陈居戌曰下狱，未乃垣途如驿道也，故曰入驿。戌乃地网，又曰地狱，况与勾陈之戊辰对相冲射，乃下狱之象也；非词讼之往来而何？见者惟退避则否。

趋户褰裳反得勾连改革

勾陈居申曰趋户。勾陈居亥曰褰裳，夫申非门户之神，何以趋户目之？盖申前即酉户也，立此可以入门，故曰趋户。至亥而褰裳者，亥方夜静更阑，必褰裳而酣息，然曰勾陈反复者，申为坤地户也，亥为乾天门也；门户之内何立此等凶神，君子至此即返而抽身，稍迟则被彼勾执矣。

青龙财喜虽主亨通

青龙前五，甲寅木神也，主财帛米谷喜庆亨通，十二神中惟此神最吉，增福解祸；以其去贵人五位，故曰前五。

在陆蟠泥所谋未遂

青龙居未曰在陆，青龙居丑曰蟠泥。未近南离之火，故为陆；丑近北坎水，故为泥；夫龙飞于九天，潜于九渊变化而莫测也，若失地亦厄且困矣，蟠于泥在于陆非失地而何，欲望其遂也难矣。

登魁兮小人争财

青龙居戌曰登魁。戌乃河魁也，以青龙之吉神而入网罗之地，则小人争财之象矣；财喜之神落此，所以致小人之争非也。

飞天兮君子欲动

青龙居辰曰飞天。以辰乃龙庭也，而曰天者，戌亥子丑象地在下也，辰巳午未象天在上也，故曰飞天也。青龙若飞腾在上，君子有为之时也，非欲动乎？

乘云驱雷利以经营

青龙居寅曰乘云，青龙居卯曰驱雷。寅乃青龙之宫，有乘云出入之象，所谓云从龙也。卯乃震为雷也，龙为云，非经营之时乎？驱雷乘云而得以施为展布。

伤鳞摧角宜平安静

青龙居申曰伤鳞，青龙居酉曰摧角。申乃刚金，酉乃阴金，金能克木，青龙之甲寅所深畏也，至此有退鳞折角之象，吉神遭厄岂福佑于我也，惟安居守静而已。

烧身掩目因财有不测之虞忧

青龙居午曰烧身，青龙居巳曰掩目。以青龙木得水为喜，而见火为仇，巳上入蛇穴，尤为不吉，故有掩目之象。午乃南离真火，故曰烧身，青龙有此不足尚可赖之为财神，若求谋财物则有莫测之忧。

入海游江因动有非常之庆

青龙居子曰入海，青龙居亥曰游江。盖俱水也，青龙得水，何吉不生？吉福斯民，占者动则有非常之美。

后一天后之神蔽匿阴私之妇

后一天后，壬子水神也，主阴私、暧昧之事，蔽匿秽污之神，性似柔而实刚；以其后贵人一位，故曰后一。

守闺治事动止多宜

天后居子曰守闺，居亥曰治事。天后妇人也，壬子乃天后本家，故象守闺阁也；亥乃乾健自强不息地，有治事持家克动之道也；二者动止相宜，得其道之正也；如当旺相，其庆深矣。

倚户临门奸淫未足

天后居酉曰倚户，居卯曰临门。以秽污之神而入卯酉之私门，非淫奔之象乎？除奸私之外而正人之举见殃。

褰帷伏枕非叹息而呻吟

天后居戌曰褰帷，居午曰伏枕。盖戌土克水病之象也，丑戌昏黑之时，有褰帷之象。午乃昼长午寐之时，故曰伏枕；二者皆卧而不快，故曰叹息呻吟，非病即事不遂也。

裸体毁妆不哭而羞辱

天后居巳曰裸体，居辰曰毁妆。壬子遇巳有露暴之伤，为刑克之地，故曰裸体；辰为水之克贼，天后至此而毁妆，形体裸露而见伤，毁妆易容而不饰，非羞辱而何也；占得此者，悲灾必矣。

优游闲暇盖因理发修容

天后居寅曰理发，居申曰修容。平旦而起理发时也，申哺时容残妆褪时也，故有理发修容之义，无非不遂也；且水与木金不克，故主优游闲暇，乐其平和也。

悚惧惊惶缘为偷窥沐浴

天后居丑曰偷窥，居未曰沐浴。以天后子与丑六合也，有私匿之情，窥之恐人知是以偷窥。未有井宿，而壬子水入之有浴之象，则畏人至矣；二者皆有惧疑之心，故曰悚惧惊惶。

太阴所为蔽匿，祸福其来不明

后二太阴，辛酉金神，主阴私、蔽匿、奸邪、淫乱、暗昧不明，又为冥冥中之默助；以其后于贵人二位，故曰后二。

垂帘则妾妇相侮

太阴居子曰垂帘。子正北也，端门向明垂帘，昏夜无见，所以妾妇居阴位，得施其慢上之心而欺侮之，不过群小别地生非而已。

入内则尊贵相蒙

太阴居丑曰入内。丑乃斗牛之墟，天乙贵人之位，至尊而受此阴蒙则蔽其明矣；乱之始也，君子必谨焉。

被察兮当忧怪异

太阴居戌曰被察。盖太阴辛酉与戌六害，且河魁刑狱之方，非被察象乎？欲饰其非则愈怪且异，故当忧也。

造庭兮宜备乖事

太阴居辰曰造庭。辰乃龙庭也，且与酉合，而太阴之妖媚必与天罡相得，然彼刚之眷宠必夙，亦不常无也；乌得不争宠而乖变哉？

跣足脱巾财物文书暗动

太阳居寅曰跣足，居午曰脱巾。盖寅方平旦之时，有跣足之象，午则长昼昼眠，亦必有脱巾矣；然太阴之金能克寅木为财，而午则朱雀反制太阴，二者乃财物文书俱暗中动也。

裸形伏枕盗贼口舌忧惊

太阴居亥曰裸形，居巳曰伏枕。亥乃夜深就榻，有裸形之象；巳则克制太阴，必伏不起乃伏病卧床之义，并主忧疑口舌盗贼；盖巳乃蛇主惊恐，亥乃玄武主贼盗忧疑也。

闭户观书雅称士人之政

太阴居酉曰闭户，居未曰观书。酉乃太阴之本家，好静，故闭户；未乃离明之次舍，土金生养，故有涵咏优游之象，二者安且吉也。

微行执政偏宜君子之贞

太阴居卯曰微行，居申曰执政。卯乃私门必袒裸之象以入之，非微行乎？申乃太阴旺地得志行权之所有执政象，君子占之非阴神之比时，当微行也或当政也，亦持一贞之操而已。

玄武遗亡阴贼走失

后三玄武，乃癸亥水神也，主贼盗、阴私、走失、遗亡、兵戈、抢攘；以其后天乙三位，故曰后三。

散发有畏捕之心

玄武居子曰散发。子乃夜半其睡未醒，而子鼠乃虚惊之神，况玄武贼神自多怀疑，被惊而夜起有散发之象，怀畏捕之心，不过虚疑不害耳。

升堂有干求之意

玄武居丑曰升堂。丑乃天乙贵人之位，土能制水，玄武不能行盗，以礼谒见，实怀穿窬之心，有所干求，不以实对也。

爱寅兮入林难寻

玄武居寅曰入林。寅卯山林之地，盗贼有所凭依，捕者难以追寻，非穿窬得志乎？

愁辰兮失路自制

玄武居辰曰失路。辰土能制玄武之水神也，至此非失路乎？盗贼消亡君子坦腹之时也。

窥户也家有盗贼

玄武居卯曰窥户。盗贼入门之象，亦惟谨以预之而已。

反顾也虚获惊悸

玄武居巳曰反顾。巳乃昼方，非盗贼之利也，纵无人追逐亦反顾，既无追者，岂非虚惊也？

伏藏则隐于深邃之乡

玄武居亥曰伏藏。亥乃夜方，又属玄之本位深邃之象，捕盗者必难获也。

不成必败于酒食之地

玄武居未曰不成。未乃土也，克制玄武之水，欲盗不成；又未酒食之地，因酒而败，盗易获也；君子之庆，小人之忧。

截路拔剑，怀恶攻之而反伤

玄武居午曰截路，居酉曰拔剑。午乃天地之道路，故取象于截路；酉阴金刃锋也，故为拔剑；贼势至此猖獗已甚，岂宜攻之？故攻之反伤。

折足遭囚，失势擒之而可得

玄居申曰折足，居戌曰遭囚，申坤土且昼方制玄，贼所深畏，有折足象，刚金斩贼也；戌地狱又土克水，故遭囚；二者贼失利矣，捕之最易。

太常筵会酒食相奉

后四太常，己未土神，主筵会、酒食、衣冠、物帛，又曰安常吉庆之神；以其后天乙之四位，故曰后四。

遭枷必值决罚

太常居子曰遭枷。土值水乡有崩陷之象，又子未六害，以害而陷有枷锁亡象，所以必致决罚而遭枷。

侧目须遭谗佞

太常后寅曰侧目。寅木克制太常之土，有虎豹在山之势，而太常之土何敢与之敌也？况未羊逢虎受其制伏，敢怒而不敢言，亦惟侧目而已，尚畏则凶仍不免。

遗冠也财物相伤

太常居卯曰遗冠。以冠裳之神而入私门有冠不正之象，故为遗冠，然何以曰财物遭伤？太常亦主财物衣帛，主失去者，以土被卯木之克也。

逆命也尊卑起讼

太常居戌曰逆命。未与戌相刑，且河魁为狱网之凶，故曰逆命；未在上，其位为尊；戌在下，其位甚卑，二者相刑，非尊卑相讼乎？

衔杯受爵不转职而迁官

太常居申曰衔杯，居丑曰受爵。申为传送，太常酒食之神，二义详之，似衔杯矣；然庆冠裳之象，而非转职之吉乎？丑乃天乙之宫，以太常而拜至尊，非受爵乎？故曰迁官。

铸印捧觚不征而喜庆

太常居巳曰铸印，居未曰捧觚。太常印绶之神，见巳火铸印之位，公器非征召不用也；未乃太常本位，宴会之宫，捧觚酬酢有喜庆也。

乘轩有改拜之封

太常居午曰乘轩。午乃天地之道路，乘轩之象也；又立南向北面君之义，故改拜之封，君子之庆也。

佩印有用迁之命

太常居辰曰佩印。辰乃天罡首领之神，与太常印绶并之，乃佩印之义，必主迁除。

亥为征召虽喜而必下下憎

太常居亥曰征召。亥天门，有征召冠裳之象，但未土在上，亥水在下，水必惮土之克也，故虽喜而下憎也。

酉作券书虽顺而防后竞

太常居酉曰券书。太常己未土生从魁之酉金得助矣，得助于魁则锋刃成功，宜书之左券，有何不顺也？但酉金强自刑其方，终有后竞，勿以身贵而贱人，勿以独断而违众则吉。

白虎道路凶灾病丧

后五白虎，庚申金神也，主道路、刀剑、血、光、官火、疾病、死亡，至凶之神也；以其后天乙五位，故曰后五。

溺水音书不至

白虎居子曰溺水，居亥亦然。白虎喜山林主道路，今溺陷水中，则道路不通不凶矣；盖至凶之神而为陷没，有何不利？勿以道路阻而音不达为忌。

焚身祸害反昌

白虎居午曰焚身，居巳亦然。在彼白虎之金固所深畏，而占者反昌矣；何则？白虎凶丧血光之神既已焚身，何能为患？

临门兮伤折人口

白虎居卯曰临门，居酉亦然。虎守卯酉之门，则一家惊惧不宁矣，轻出无备者莫不为之噬矣，故曰伤折人口也。

在野兮损坏牛羊

白虎居丑曰为在野，居未亦然。以丑未田野之象也，白虎在此固似无成，而丑中之牛未中之羊为虎所噬，贪哺啜无复凶矣。

登山掌生杀之权

白虎居寅曰登山，其威百倍。仕途占之，当有生杀之重柄，常人占之，凶不可当。

落阱脱桎梏之殃

白虎居戌曰落阱。戌乃地狱，吉神入之则吉者必凶，凶神入之则凶焰猥衰不复孔炽，占者不被其殃，往返无虎截路，犹桎梏之脱也。

衔牒无凶即可持其喜信

白虎居申曰衔牒。申乃白虎之本宫，彼贪其巢穴之荣显而无复肆噬之心，故有喜信可持。而曰衔牒者，乃传送往来之神，牒信之象也。

咥人有害终不见乎休祥

白虎居辰曰咥人。辰中有尸乃虎噬尸，既曰噬人，岂复有吉祥于人也？得此凶占，亦惟避之而已矣。

天空奏书之神以天乙尊者无对

天空后六，戊戌十神也；其神无形无影，由正对天乙至尊，即空亡也；由无敢对至尊而虚其位，故曰天空，专主诈伪不实。曰奏书者，言惟执书以奏，则此片时可对至尊耳。

神虽所主休征，必察卦名之义

元首象天，重审法地。象天者先喜而后忧，法地者先迷而后利。

象天者，上位之动用也；法地者，下位之动用也。以其上克其下，故先喜而而忧；以其下贼其上，故先迷而后利。

知一则得一为宜

此用卦又名知一卦，知一不及其他，惟一得则永得一也。

知一主近，主亲，主内。

见机则不俟终日

涉害之深者，曰见机，见机不俟终日，言机贵速者，虽密而易失也。

遥克所卜难成

遥克者神遥克日名蒿矢，日遥克日名弹射，二者皆力不雄也，故所卜难成，观蒿与弹之意自明。

别责所占罔济

四课不备而无遥曰别责，尤无力之甚也。故凡占罔济也，不过利守而已矣。

冬蛇掩目虚警而终不伤

昴星卦有螣蛇发用，曰冬蛇掩目，卦既曰掩目之蛇，则人得而害彼，彼不得而害人，不过虚凶不成实害也。

虎视转蓬出外而稽留不起

昴星卦有白虎发用，曰虎视转蓬，卦既曰虎视，则凶不可当，即犹蓬转而避之可矣，出外必稽留不回。

伏吟任信宜用静去盗非遥

伏吟刚日自任卦，柔日自信卦，主静也；逃去之人及盗贼失物俱不远也。贵顺支前一位寻之，贵逆支后一位寻之。

返吟无依则复旧往来不一

返吟来去不定，故曰无依倚也，凡事不定，且主于远。

八专之意不宜男子波波，帷簿之名不利妇人嘻嘻。

八专卦干支同位，内有怨女，外有旷夫，故曰帷簿不修之卦，多淫泆之意也。

龙首累逢君命恩赐频加

太岁月建月将贵人同为发用，曰龙首卦，君子则有恩命出自天子，常人利见大人。

龙战屡见改革灾祸不定

卯酉日辰行年发用，又值此者名龙战卦，不问君子常人，俱主更革，灾祸不一。

官爵改拜升迁

驿马发用，名官爵卦，主改拜升迁；常人得之，反摇动不宁。

富贵增财吉庆

贵人发用，主增财喜庆，君子常人皆吉。

斫轮铸印官职须迁

卯加申发用，曰斫轮卦，戌加巳发用，曰铸印卦，有官者必迁，无官者反不能当，而有官非口舌。

高盖乘轩鼎席必致

午卯子三传，曰高盖乘轩卦，亦同斫轮铸印断。

芜淫主琴瑟不调

夫干也，妻支也，上神互克干支名，曰芜淫卦，主夫妻异心。

泆女必渎乱太甚

初传天后，末传六合，更传见卯酉，曰泆女卦，主淫奔不正。

是知三交为三匿

子午卯酉仲神全见于三传，曰三交，主藏匿阴私不明之人。盖此神皆五行败气，主人昏晦，收留此人异日不利。

九丑定灾殃

乙己戊辛壬日，更得四仲相并，而又大吉加仲，曰九丑卦，主占者家长有灾。

斩关不利安居，奔波不定

罡魁加干支，更得合龙名斩关卦，主不能安居而奔波不定。

游子不遑宁处，碌碌无常

四季在三传本静，而丁神驿马入曰游子，主动而碌碌奔波不免。

天狱忧刑罪责

凡用囚死，更天罡加日本之上，曰天狱，主官非口舌刑罚及身。

天网囚系灾伤

凡时与地支并克天干而发用者，曰天网。

悬胎主隐匿藏怀而胎子

四孟在三传，曰玄胎，主隐慝藏怀或为胎孕。

赘婿主伏潜屈辱或相傍

支辰加天干上被克为用，曰赘婿，主屈身于人而受辱，必依栖于人而相傍。

无禄之名是上骄而下弱

凡四上克下为无禄，上皆得意故骄，下皆受制故弱，无禄犹无路，凶之占也。

绝嗣之意乃上下逆而上伤

凡四下克四上曰绝嗣，下皆得志而逾逆，上皆受制而全伤尤凶之甚也。

又为厉德以动摇为意

贵人当卯酉之地盘上为厉德，贵人不自安则摇动也。

乱首以悖逆为心

日加辰上被辰克曰乱首，悖逆之象。

稼穑定自微而至著

四季在三传曰稼穑，土有生万物之功而日渐增长，故自微至著。

曲直必福善而祸淫

三传亥卯未为之，为福者愈增其福，有祸者愈益其祸，乃木日渐长象也。

巳酉丑俱逢则伤情改革

金局全主革故鼎新，且金乃破物之神，主刑伤之凶也。

寅午戌全见则意欲成亲

火局全者主气焰熏天上进象也，而急于进用有相亲傍之义也。

原夫润下之道惟宜施惠于人

三传申子辰全为润下卦，主恩泽下流，惟宜施惠于人，不可独利而招尤。

凡断吉凶，占从将意

大抵功曹为用木器文书

寅乃木神，功曹乃奏书之神，故主文书。

传送加临行程信息

传送乃邮马之象，故主信息行程。

太冲盗贼及车船，从魁金银与奴婢

辰为斗讼兼主丧亡，戌为欺诈或称印绶

天罡主斗争词讼，亦名天牢天罗，主死亡。天魁主欺诈，亦名地狱，又主印绶之神。

登明征召，太乙非灾

胜光火怪丝绵

午主光明怪异，又主丝绵布帛。

神后阴私妇女

子水天后之宫，主阴私不明，事干妇女。

未为衣物筵宾

小吉乃太常之宫也，主衣冠、财帛、筵会、宾客。

丑号田宅园圃

大吉土神主田宅园圃之争。

大吉小吉会勾陈因田宅而争讼

丑未主田宅，见勾陈斗讼之神，必因争田宅而起讼。

从魁河魁乘六合为奴婢之逃亡

酉主婢，戌主奴，乘六合之私门，乃奴仆逃亡之象。

文宜青龙不战，武欲太常无伤

文看青龙为类神，武看太常为类神，旺相相生必吉，上下相克必凶。

登科者禄马扶会

登科者，禄神驿马临于干支之上，富贵干支皆乘禄马也。马主前程远大，禄乃临官之神。

不第者刑害俱骈

三刑六害交临干支之上，刑主有缺，害主阻隔难成。

投书宜虎勾无气

投书献策见上贵也，若白虎勾陈无气，自然无阻矣。

捕贼欲玄武相侵

捕贼以玄武为类神，若玄武临克地自然得捉也。

若候雨占风，当看青龙白虎

白虎主风，青龙主雨，有气旺相有风有雨，囚死空亡风雨必微。

若迁官进职，宜观天吏天城

寅为天吏，申为天城，若加年命发用，必主升迁。

动望行人，观二八卯酉之限

占东南行人以酉为中途，子上神为至期；若西北行人以卯为中途，午上神为至期。

追逃亡盗捕，四六玄武之阴

占捕盗贼看玄武之阴神上所得何神，便知其在何处，捕之必获。

失伴必详胜光而可见

用在日前则向前追之必见，在日后则稍等立见矣。

亡财则察玄武而可寻

失财以玄之阴神上见乃知所，寻之必获矣。

此皆略举其纲，要在智者临时而审情

若夫旺气求就官职，相气经营利禄，囚气囚系呻吟，死气死亡悲哭，休气疾病淹延，详在四时休旺。

相加孟仲万事新鲜，季上逢之互为故旧

孟仲之神发用主新事动，季神发用用旧事矣。

欢欣在旺相之中，悲哀在死囚之处

旺相发用皆喜，休囚发用皆主忧。

凡见火加水上亡遗口舌非宁

乃巳午临亥子也，火乃朱雀主口舌，水乃玄武主亡遗。

火入金乡泆奸邪未息

火则蛇雀，金乃白虎太阴淫泆奸邪，皆太阴为火所逼也。

水加土位逢财，若在火宫迁职

水加土上受土之克则为财，水加火上受水之克则为官。

木逢水则流落他乡

以木之少而见水之多，有水多木漂之象，故曰流落他乡。

水遇土则人财散失

水加土上，水为财而主散失者，亦水为玄武之位也。

金居火上则病疾死亡

金加火上，白虎入朱雀蛇之位，故主疾病死亡也。

土临木地则田宅词讼

土加木乃勾陈受制之象，故主因田宅争斗而兴词讼也。

金加火位中传有水无妨

若金加火为发用，而中末见水，则有救矣。

火入水乡末传得镇星复喜

若火加水上为发用，而中末有土则不凶矣。

贵人顺行凶将少降祸殃，天乙逆行吉将聊施恩惠

天乙贵人顺则凡事顺，逆则凡事逆。顺贵虽凶将降祸必轻，逆贵虽吉将赐福不重。

逢灾遇祸上下皆凶，招利求祥始终俱吉

三传中全无吉将吉神者，灾祸并见，三传中全吉者，招财利可求吉祥。

凶神刑害灾祸连绵，吉将相生欢欣不已

三传中凶将更乘刑害，灾祸愈重，三传中吉将更生者，喜庆愈多。

凶神和合逢灾不至深危，吉将逢伤赐福终非全美

三传中凶将见生合，虽凶不甚，三传中吉将见伤，虽吉不甚。

日辰有彼此之殊，神将有尊卑之异

日为己，辰为人，贵神在上为尊，月将在下为卑。

辰来克日诸事难成，日往克辰所谋皆遂

支辰来克干乃我受制于人也，日干去克支辰乃人听命于我也。

男逢灾厄须以日上推穷，女遇迍邅但向辰宫寻觅

日干又曰天干，故看男子之灾祥，支辰又曰地支，故看女子之祸福。

先凶后吉终成喜庆，始吉终凶终见悲哀

初传凶末吉，终于吉也；初传吉末必，终于凶也。

初刑末位灾来果系无轻，末克初传祸至须知亦小

先贤以时作先锋，占万事皆必可指

若乃披刑则侵欺诡诈，乘马则摇动迁移

时作支刑子刑卯之类，乘马主摇动也。

冲支冲干彼己不遑宁处，同辰同日尔我蹇滞迟疑

时冲干己不宁，时冲支彼不宁，同辰彼蹇同日蹇。

时日相生迭为恩惠，生克其辰宅有灾祥。

时生日下报上，日生时上惠下，时生支宅吉，时克支宅灾。

所以遇子遇午若往若来，值卯值酉为门为户

子午天地之道路往来之象，卯酉日月所出入也，门户之司。

大抵克多则事繁，克少则事一。

涉害比用主繁，元首重审事一，克者动也。

鬼临所畏当忧而不忧，财在鬼乡闻喜而不喜

财而变鬼，祸难立至。

神将互克占及夫妻，同类来伤事因兄弟

鬼乃夫也，鬼动事起于夫，财乃妻也，财动事起妻。比肩爻动，事起兄弟朋友也。

财遇天空兮产业须伤，鬼临旬尾兮官灾不起

财爻乘空，求妻财不得，官爻空，有官非不妨也。

吉神临凶卦之中无咎争之道，恶煞临吉卦之内无欢欣之理

煞虽恶生我则其喜终至，将虽良克我则忧难不已

如虎勾生我，其力尤雄，龙合克我，其凶亦至。

凶神无吉也，合干则讼休；吉神无凶也，克日则祸起

更若识其通变，举一隅而不待复矣。

卷二　注释指掌赋

九天玄女指掌赋

九，天数；玄，天色；女，阴象；黄帝阴符亦如此解，言阴与之符也。故：九天之数以玄女名，包于阴而阴与符合意。赋敷其事而直言，言一见而始终无余蕴也。

六壬通万变之机，大为国而小为家。日辰定动静之位，日为人而辰为事。

变即穷，变通久之变，机发动所由也。家国要从地盘分野处看，若单论家宅，则惟在支上看可也。

月将加时，局图顺节。日二课而辰二课，合成四象；生主和而克发用，义法三才。

日上神为太阳，日阴为少阳；辰上神为太阴，辰阴为少阴。阴阳生合比和处，吉凶之端倪不露，惟于相克处，一逗杀机而遂尔见形；盖不杀不成其为生，而取克正所以观五行相生之妙也。

生者事之端，克者事之变。

上克为元首，理顺成而百事咸宜

上天下地，天克地理势皆顺，故百事宜。

下贼为重审，人事逆而谋为不利

地克天是下陵乎上，故主逆。

二三克贼，知一总名。神将凶而祸不单行，神将吉而福祥双至。

如二三克贼，则看克处与本于有益无益而福祸之来可决矣。

知一者必二三事也，故主祸福成双。又主狐疑、近事。

用孟名曰见机，当因时以致宜；仲季号为察微，事未萌而预计。

克贼重重比用涉害，用辰主外灾害己；用日主我祸延人。

涉害取地盘孟仲季发用，涉四孟乃四见机课，涉仲，季为察微课是也。涉害比用复等，则刚用日比，柔用辰比。盖人我以支干分，日上发用乃我先发端，辰上发用是人先发端也。

蒿矢神遥克日，二克主两事而合为一事；弹射日遥克神，一克主一端而分作两端。

日止一日，克有二，是两事合来作一事。一克互观自见，二课若见金土二煞，为有镞有丸能伤人也。

昴星如虎对立，视俯仰以定远近之忧危。

俯视忧近，仰忧远，煞气至酉而盛，故将曰太阴，俯仰皆以酉位言，阴阳无克乃从至阴处讨出消息来也；正君子履霜之渐多忧惧之时也。

别责如花待时，合日辰以定人事之巧拙。

课名不备，事属有待，如花待时，象可知矣。玩别责字，言事见端于此，而成就于彼之义也。

八专士女怀春，一名不修帏薄。

凡阴阳施化以别而神，今干支同位阴阳不分，主客未辨，故取象若此。

丁己辛同丑未，井栏射主深灾。

井栏射亦主前途忧危。

伏吟任信用刑而事主反复。

诸课有加临皆可信任，独伏吟上无加爻，止堪自立主张，尽多忧疑之兆。

返吟无依迭传而事多反复

谓十二神各居冲位，无可依倚，主反复不宁也。

凡上克则事起男子，或属他人；若下贼则事由女人，或因自己。

大凡克处是动机，上克动在客在阳，故为男子为他人，下贼反观可知。

将克神为外战，灾自外来；神克将为内战，祸由内起。

将谓月将，神即贵神。将克神相战于外，神克将相战在内。灾外来是因彼而有克也，祸内起以其克加于我也。

用在日前事情已过，用居日后事起将来。日辰发用应今时，辰日刑冲事成恍惚。年月节旬发用，事应年月节旬。

如甲课在寅则卯为后而丑为前，盖前为已往，后为未来故也。日谓今日辰主于日，言日干发用事应在今时。凡日寄辰，辰仰于日，要合德禄比合相生乃为足贵，刑则人情不美，冲则反复不宁，故多事恍惚也。年主一年，月主一月，节主半，月作气字看；如立春为节，雨水为气，节字论气，无谓月也。

此二句论克应之理，最为绝妙。方朔克应歌云：起岁年华问，逢蟾月里寻；占旬旬里应，值日日前辰；气动蟾分体，候来旬折身；诸门从此起，万类若通神。苗公云：七位克应诀，季神总用同；墓中见的实，吉凶取合冲；阴阳分墓绝，七位应须通。又云：看发用是何季之神，如见寅卯，则应在辰月辰日辰时，如见巳午，则应在未月未日未时，故言与日同也。

吉神旺相事皆吉，凶神旺相事必凶。

旺气求官吉，争财相气亲，死主丧祸起，囚动见官刑；刑来忧病患，五气仔细寻；此皆以克日论也。吉凶二神，谓日干、年命兼岁月建、正时、来处、支辰上神，非搜寻此十一处也。须要视何处生我克我，还是生我者多，还是克我者多，助我生者多，或助我克者多，生我者得地，还是克我者得地；宜详察。

已上九门定式，次观附卦加临，日临辰而受克为乱首，主行悖逆之道。

如庚午日申加午，是日临辰而辰克之。

辰临日而受克为赘婿，不能自立其身。

如庚寅日寅加申，是辰临日而日克之。大凡日寄于辰，今反克辰，是自家竟无安顿处矣。

辰临日而生日名自在，有恢宏之志。

辰来生我，可云安享。

日临辰而受生名俯就，有荣显之机。

我就他生，一何荣显。

日临辰而生辰名历虚，主无稽之笑语。

我去生他，他为脱气。

辰临日而受生名归宠，主福履之来崇。

辰是我所履之境，加我之上而与我合体生辰，岂非福履之崇乎。

同类相加同谐和合。

培植和合，言比肩之妙。

日辰交生名为脱骨，主彼我舒情多实；日辰交克号曰无淫，主内外疑忌生猜。

交生不认我而认人，故为脱骨，乃相信之诚也，交克反看。

课传皆在年月日时名天心，忧不成忧而喜中加喜。三传不离四课名回环，吉不全吉而凶不全凶。

天地大化不离见在天之心也，玩回环意，不宜占讼散事。三传所以变化四课不离，殊少变动之意，故吉凶不全。

三上克为幼度厄，腐绳维巨室之象；三下克为长度厄，越海无舟楫之形。

凡长幼课，看发用才官父子何如，是财则伤财，余可例推。又看余课，或是上克必主上下不安争斗致凶；若生日干则凶可解，上下相生凶亦稍解。

四上克为无禄主孤单，得救神亦能免祸。四下贼为绝嗣主贫苦，虽吉将到底成空。

救神如三传年命有一处生干即是，若四下贼则是我所遇皆仇敌，吉将其奈我何。

日辰见辰戌又发用为斩关，阳逃亡而阴主伏匿。

辰戌动神，中传更遇寅字为天梁，主万里飞腾，故阳日为逃亡；阴日为伏匿，总无踪迹可寻也。凡传遇寅卯未子乘贵阴合为天地独通，出行吉。

贵人临卯酉分前后为励德，庶人吝而君子亨通。

视干支阴神，如立贵人前是小人恃势当强，如阳神立贵人后是君子谦冲当进，此励德之卦；盖日阴辰阴为卑不合妄居于前，日阳辰阳为尊，不合退居于后也。

天乙在卯酉立私门，名微服而各怀异志。

天乙来临二八门，日辰阴阳俱后存，遇此即是为微服象，惟利阴私。贵后存谓居贵人后，卯酉为日月之门，阴私之象，惟利安居不利有为。

夫妇若年神交相克作芜淫主琴瑟不调。

夫妇年若相克，日神更与日辰互克乃乖戾之象。

用卯为龙战，用酉为虎斗，主更改而忧疑不定。

凡卯日发用，行年又在卯，名龙战卦，虎斗仿此。盖卯日阳气南出，阴气北入；酉日阳气北入，阴气南入，主刑杀。阳主德生，相战于门，故名；主事疑惑，反覆不定。

六合为泆女，天后为狡童，主厌翳而男女有淫。

卯为六合私门也，酉为太阴私户也。凡卯酉作传而前天后见六合，为阴往求阳，非佚女而何？前见六合后见天后，为阳往求阴，非狡童而何？

三传四孟名曰玄胎，非怀孕则有移旧更新之意。

四孟五行生地故曰胎；玄，水色黑，言方胎于中，男女未分不可见也，主事有根蒂日渐长进之意；如入胎于母腹铸成五官之象，所以说移旧。

三传四仲谓之三交，加日辰则主隐匿罪人之名。

凡仲日四仲相加一交，有克发用二交，课传又见阴合三交卦也。子午卯酉所藏乃乙丁己辛癸五阴干，阴为刑，故太公立课将五阴干移于四季，正谓此也。盖四仲当阴干之旺，如乙禄到卯，丁己禄居午，则刑气盛矣，而五阳干生于四孟者，以四仲为沐浴败地，是仲位刑旺而德衰也。若课传年命全逢乎此，诸事不吉，故武侯云：德气在内，刑气在外之日，不可出兵。

四仲亦名二烦，主杀伤而更遭刑讼。

凡太阳加仲，斗系丑未为天烦；太阴加仲，斗系丑未为地烦；是天地大小吉之气俱为天罡所伤，而太阳加仲是德为刑也。月宿加仲刑气大旺，故主杀伤狱讼之象。如斗罡系丑未名杜传，德在内刑在外，凡占利静不利动。

四季名为游子，乘天马而将欲远行。

四土是游行之地，天马是游行之象，故名；于课不止远行，凡事主游移不定，踪迹无凭。

用天马而中卯末午名为高盖，主公卿爵位。

正月午为天马，卯天车，子华盖，盖利见大人之象。

卯发用而中戌末巳号斫轮，为印绶俱全。

卯加庚辛木就金雕，中传戌又是辛之寄宫，末传巳火炼辛金而金又断卯木成器，且戌中辛金得巳火，又为铸印，而戌又为印绶，所以说印绶俱全爵禄崇高之象。

巳戌卯为铸印乘轩驿马六合而升官爵

丙辛合为铸印，卯戌合为乘轩；房星谓卯也，如卯发用，升官之兆。

若逢真破，得罪于帝王之象；害气加，远涉有江湖之患。

凡刑冲破坏皆谓之破，于仕宦则为得罪帝王，于贾人则为江湖之患，以卯为舟车故也。

时逢太岁作贵人兼发用而乘月将名时泰，有赐宝升官之象；日时月建会青龙而用岁气作初传为富贵，主利见大人之征。

天乙发用，又日辰月建名青龙，岁支作天乙是为用岁气，言一时而诸吉臻合也。

四离前一日为天寇，利居家不利远行；四绝前一日为天祸，事体绝而又复重兴。

分至前一日为四离，已非远行吉象，那堪月宿极阴，玄武阴私重加，故主遇盗贼。四立前一日为四绝，乃阴阳交接之日，那堪立绝互交，是乘权卸肩而两不得力，所以事休绝而复兴。

四时前孤后寡，或遇空苦楚无依；闭口旬尾，如乘玄发用病危不失。

如寅卯日当春之时，则巳为孤丑为寡，若无别吉象，则为孤寡课。闭口有二格，如玄武加天地盘，六甲合此成两般。病逢闭口则不进饮食，讼逢闭口则枉屈难伸。

时克日而用又助之名曰天网，有死丧之危。用死因而斗加日本名曰天狱，主囚系之灾。

时用克日为天网，如春占甲干，用土金死囚神，而有辰复加日本亥，则木之根本受伤，运用不旺，囚系可知。

上下旺相为三光，始终迪吉；神将顺布为三阳，作事皆成。

用旺相一光，吉神临用二光，日辰旺相当令三光；用旺相一阳，日在天乙前二阳，贵顺布三阳，忌克破刑冲害。

传见六仪，病将瘥而狱囚出，三奇发用，疑惑解而喜气生。

旬首发用为六仪，子戌旬奇在丑，申午旬奇在子，辰寅旬奇在亥，丑为玉堂，鸡鸣于丑而日精备；子为明堂，鹤鸣于子而月精备；亥为绛宫，斗转于亥而星精倘。

用起天魁为伏殃，有杀伤之厄；传虎死神为魄化，有死丧之忧。用乘丧魄，健者衰而病者死；传起飞魂，家有咎而人有灾。

天魁在酉逆，因仲非河魁也。死神正巳顺十二，是虎乘死神加日主死，加辰主丧，有吉可解。丧魄正未逆四季，飞魂正亥逆十二。

卦曰始终，视神将玩克战以方知；课名新故，用刚柔察死生以方见。

始终要兼旺相休凶，细细推寻，然亦就三传说。三传原该本事始终，或始克终生，或始生终克，或始生终墓，或始墓终生，皆始终之义。视神将者，神将以生我为吉，不生则虽吉亦减力。凡阳干发用得阴为故，得阳为新；阴干发用得阳为故，得阴为新。阳生主事之方生而艾也，阴主死事之已去而不乘权也。死生即得令不得令义。

八迍立见忧危将至，五福必主福禄骈臻。

八迍五福不是定然八件五件，八是阴数，一切恶神凶将克贼日兼带刑害者，是阴惨至极，故名。五乃天之中数，极阳明之象，如传逢生旺贵人日德，即有凶亦解救矣。

若顺相加之卦传列巳申亥寅，春玄胎者生意已萌于中，夏励阳者机关略见于外，秋占四牡驱驰不息，冬占全福行止亨通。

凡三传顺加，以巳上加申起，四孟是五行长生之地，顺加则水木金各就所生，是四生之神复各居长生之位也。如春令寅木乘权，勾萌甲坼，生意正蒙，乃生生之始也，故曰胎。四孟至于夏则生气日长日盛，曰励阳者，谓阳气盛中伏衰，君子当勉励勿纵，犹退藏意。秋时生气渐微，煞气渐盛，且言申位何为传送，天地之化至七月是生煞之转关，是送往迎来之会也。盖巳为海角，巳酉丑三合为宽大，坤为马，即四牡即传送也。申加巳行宽大之地，正驱驰不息意。至于冬万物归根，四生各归生处，是全福而无害，行止有不亨快者乎？

四仲相加子午卯酉，春占关隔若羝羊触藩，夏占观澜似游鱼之吞饵，秋占四季平日，逢望弦晦朔名曰三光不仁，冬占匿阳，时遇日月辰戌号为四门俱闭。

四仲乃四败之地，以卯加子算，四仲相加在卯为阴不备，以日出于卯。兑太阴也，在酉为阳不备，以日入于酉。离太阳也，在子一阳初复，阳气不壮，在午一阴始生，阴气不壮。玩课体名义，重阴互换，知无一吉占矣。春曰触藩，言为阴所缚，进退不得自如。观澜意同，盖午生于寅，败于卯，前见辰是水库，乃观澜而不敢进意。弦月渐进，望月已满，晦月既尽，朔月初生，重阴相加，又逢弦望晦朔，更加四仲天官如六合太阴，总是阴翳之象，故曰三光不仁。日月卯酉也，四仲相加，更卯酉上见辰戌总是阴阳闭塞意。又子乃一阳初生，今加于酉方，向闭塞之路那见生机，故云匿阳。

四季相传丑辰未戌，春稼穑而生长以时，夏游子而漂流不定，秋地角据一隅而忘天下，冬五墓舍朝市而守丘墟。

稼穑者，以辰加丑起算为顺，土生万物，故在春为稼穑，且辰加于丑，土气乍开，生生之意初动。又土盛于夏，乘巳午之生，有千里之势，故曰游子。至秋则土气渐衰，生物之功成矣，曰据一隅而忘天下，便与夏之通达不同。四土皆库独以冬为墓者，休囚故也。

若逆相加势情为悖，三传亥申巳寅六合一名六害，春亢毓有始动终怠之形，夏洪钧秉中正权衡之象，秋含义而无中生有，冬待庆而暗事将明。

逆相加谓以亥上加申起算，六合六害在加处见。寅盛于春已毓矣，又值亥生则毓之太过，故曰亢毓，且亥加于寅为休气用事，故云始勤终怠。寅加于巳，木火通明，是为洪钧，巳加于申，正火旺于夏，亨嘉之会，谓之中正权衡，固宜申金制约为义。巳加申是金生于巳，含章之意，故曰无中生有。申加于亥天乙生水，得申金之光相涵生是为将明，从此而春而夏而秋，生长万物之庆皆为有待。

四仲逆传子酉午卯，春占井陷如鸟投笼，夏占正烦若牛受刃，秋失友既散离而复合，冬出渐名阴极而阳生。

四仲以酉加子起算，则皆相逆为五行死地，如金库于丑，则酉死于子，余可类推，投笼正表其象。正烦或作二烦，以日宿月宿加四仲分曰受刃，则生气尽矣，金主煞，酉加于子为泄煞气，气既衰，故为失友。酉未为离隔之神，加于一阳初生之地，为阴静而阳复，故居离而复合之象。

逆传四季丑戌未辰，春占越库，散财不以其道；夏曰转魁，委任不得其人；秋煞墓势将兴而将起，冬伏阴机渐败而渐藏。

四季以辰加未起算，春季辰土受未中乙木之克，是发越库财已散矣，曰不以其道者，顺则合，道逆则不以其道也。戌为天魁中藏辛金，夏季未土木库加戌而为戌中辛金所克，又戌为火库泄木之气，是木转魁上为委托非人也。戌火库丑金库，火加金则杀金，阴象原伏而不动，遇火炼之将有发越之势。丑金库，辰水库，丑加辰则金水相涵象重阴，又子见母，故曰收藏。

若顺相合理势自然，申子辰为润下以和顺为义，寅午戌为炎上以发达为名，亥卯未为曲直举直错枉，巳酉丑为从革宜革故鼎新，三传稼穑田土稽留。

子为水，申为生地，辰水库，自申而子而辰理势自然，有不和顺者乎？

甲乙日为生气。炎上顺其次序，自然烈焰弥天，与和顺同解。更得驿马真位为倚权，利奏对也。凡木之生先曲后直，举直错枉，正去徇向直意。金有革故之义，才言革故自有鼎新之势。凡占得四土，虽当作稼穑，须玩顺逆玩四时，参上文方备矣。

子辰申为出奇自新改过，午戌寅为间魁舍宾从庭，卯未亥为合从彼我各怀其忿，酉丑巳为献刃远近俱被其伤，辰申子为呈斗玩阴阳于天象，戌寅午为顶墓会消息于方兴，丑酉巳为藏金因事而韬，未亥卯为从吉待时而动。

若逆三合事主乖违，辰子申为循顺贵勿躐等，戌午寅为就燥行合中庸，未卯亥为正阳遵发生之意，丑酉巳为法罡防肃煞之威，四土逆行尚宜守正。

水局逆行，言勿躐等者，欲其以顺正也。火不顺则燥，故正以中庸。玩遵之一字，言当依本生生之理而无毗乎阳也。罡煞气，金逆而煞气愈盛，故肃煞宜防。土能生金，若逆生恐犹未出于正，故特用戒之。

子申辰为仰玄守凝寒之困，午寅戌为正义显朱夏之形，卯亥未为先春未萌先动非时过，酉巳丑为操会已过受时岂失宜，申辰子为间斗聚秀气于怀中，寅戌午为华明彰精光于天表，亥未卯为转轮因颠蹶而自反，巳丑酉为反射怀杀伐以酬恩。

天罡加四仲为关隔，人事昭迟；登明临日辰为萃如，事情和美。

卯酉日月门也，子午为阴阳之门，辰戌为网罗之煞，辰加四仲为门被阻隔，人事何由通快？子午为关，卯酉为隔，既为日出而作，日入而息之门户，子午既为阴死阳生阳死阴生之地，则人事一动一静能离此阴阳此门户乎？今被网罗煞阻隔，人事岂得亨快？亥为乾位，加日辰是统天之德，聚于日辰也，天德昭临，人情自然和美矣。

用为发端之门，中为移易之府，末为归计之宫。

太公立三传，极重在发端，归结在末传。

孟为神之在室，仲为神之在门，季乃在外之应。

孟仲季乃泛论其理，不在传之例。孟为生地，仲为旺地，季为结果之地，此正由微至著由小而大意。

初生中，中生末，名遗失而事久陵夷；末生中，中生用，名荣盛而多人推荐。初克中克末为迭噬而受众辈之欺，末克中中克用为偕亡而致外人之侮。

毕法云：三传递生人举荐，重下生上，不重上生下，大凡发用之气要无所分析，一心聚于干上方好。若初生中末，则益我之气薄矣，所以事久凌夷。惟末生上专，专益于我，故荣盛耳。又上克下为迭噬，下贼上为偕亡，从辈侵欺，即毕法众人欺意，然中初，初中缓急有辨。

三传生日百事宜，日生三传财源耗。日克三传求财可羡，三传克日众鬼难堪。初传克末事成空，末传初传事可成。传见妻财利益多，传见父母饶生意，传见兄弟口舌生，传见子孙福禄满，传见官鬼干支吉兮有两途，病讼畏兮官位显。子传父兮逆且疑，母传子兮顺且便。干支吉兮三传凶，谋事不成终不喜，三传吉兮干支凶，事吉而成无少惮。支若传干人求我，干若传支我求人。

课连茹传逆速而顺则迟越，三间向阳明而向阴暗，故顺三间之课，亥丑卯为溟蒙而事多暗昧，子寅辰向三阳而渐望光明，丑卯巳为出户春雷震蛰，寅辰午出三阳金鲤波中，卯巳未迎阳者鸣高冈之鸾风，辰午申登三天得云雨之蛟龙，亥未酉变盈者名秋场之登之稼，午申戌出三天似鸣鹤之在阴，未酉亥为人局主心劳而日拙，申戌子涉三渊当隐于山林，酉亥丑乃凝阴而忧不可解，戌子寅入三渊而屈不能伸。

天地之气东南为阳，西北为阴，自寅到酉为日，自酉到丑为夜。凡人日出而作，与阳俱开，故向阳则明，日入而息与阴俱闭，故向阴则暗。凡人逆则归，归则速；顺则游，游则远，自然之理也。

若三传俱在夜方，岂不暗昧？寅为三阳而传之前后拱向之岂不光明？卯为门户，出门向阳正如雷之震蛰，阳起地下也。寅三阳之地，出乎此一路向东南辰午之旺气，可知亨快，鱼得水之象。午为阳而卯巳未迎之，正高冈鸣凤之象，占事宜速就，少迟则无气矣。午申在南先天乾位，固曰天，而辰在东南亦是阳明之位，合之曰三天，登之故有蛟龙云雨之象。只一巳字在午之前，而未酉向西去矣，阳终阴始初进万宝告成，故曰登稼。午当阳极而申戌已流于酉矣，在阴子和言闻其声不见其形也。未酉亥阴气盛矣，凡人心劳不休皆属于阴；书云：为善心安，日休为恶，心劳日拙，善恶之际，阴阳之别也。申子水局有林之象，戌土山象，言入夜方似幽人之守正也。酉亥丑皆在夜位阴气所凝，何忧如之？戌寅火局而子水居北乘旺为渊，则火亦化而为水矣，故曰入三渊，屈不能伸无非幽暗之意。

至若逆三间之课，亥酉未为时遁，无出潜之意，戌申午曰悖戾，有追悔之心，酉未巳励明者，出入从其所便，申午辰凝阳者，动止罔戾于心，未巳卯为回明，利而利有攸往，午辰寅为顾祖，而喜气和平，巳卯丑为转悖，当吉凶二者之间，辰寅子为涉疑，入祸福双关之道，卯丑亥名断涧，义利分明，寅子戌为冥阳，善人是宝，丑亥酉为极阴，如月隐西山，子戌申名偃蹇，似马驰栈道。

亥酉未逆传，亥遁于酉，酉遁于未，有退而归隐之意。戌午火局中间一申反成克象，不和同矣，故曰悖戾。酉至未巳有背暗投明之象，曰励明者，言策励以从明也。申午辰俱东南阳位，故曰凝聚于阳，所以行止如意。午为明，未巳卯回绕而向之，故利有攸往。午火生于寅，三传午辰寅有顾母之意，和平者，谓得所生而安也。巳丑酉金局为煞机之悖，今中传不用酉而用卯是悖之转，转则吉，然犹未离于煞也，亦主凶，故为二者之间。辰子水局，中传见寅，虽涉于凝而不沉于渊，但两局不纯，故曰祸福双关。经曰：断涧如何涉，失前忘后时；君子宜退位，小人须有悲。盖亥为水，丑卯有桥梁意，言难进也；高高下下义利岂不分明？寅戌火局，中传见子阳入于溟，乃怀宝不出意，丑亥酉皆是夜方不见光明，子申辰水局，间一戌土在中，坎水见险，岂是坦途？

若顺连茹亥将顺行，亥子丑为龙潜，阳光在下，空怀宝以迷邦；子丑寅为含春，和气积中莫炫玉而求售；丑寅卯为将泰，有声名而未蒙实惠；寅卯辰为正和，展经略而果沐恩光；卯辰巳名离渐，利用宾于王家；辰巳午为升阶，亲观光于上国；巳午未为近阳，名实相须；午未申为丽名，威权独盛；

未申酉为回春，若午夜残灯；申酉戌曰流金，似霜桥走马。酉戌亥革故从新，小人进而君子退；戌亥子隐明就暗，私事吉而公事凶。

亥子丑俱在夜方全无阳气故云，即易乾龙勿用意。子丑寅得阳气而未畅，仍宜韬养勿用。寅为三阳开泰，此时从丑初履之，虽有将兴之誉而功业仍未成就。寅卯辰为日之始，正君子向明求治之会。卯辰巳逼近离火，是君子作宾于王朝也。午正阳有泰阶之象，从辰巳升之岂非观光乎？午阳明君位，巳未近之，君臣合德功成名就之象。午未申是圣主当阳揽权御下之象。未申酉东南之气灭矣，是以比之残灯励之也。申酉戌乃金地肃杀，何险如之？曰霜桥走马危之也。酉戌亥纯是夜方，乃小人道长君子道消之时；戌亥予以公私分明暗，若占逃亡盗贼又当用夜方也。

若逆连茹亥位逆推，亥戌酉曰回阴，心怀暗昧之私；酉戌申为返驾，主行肃杀之道；酉申未名出狱，主离丑出群疏者亲而亲者疏，申未午名凌阴名行险，侥幸安者危而危者安；未午巳为渐晞脱凡俗而渐入高明，午巳胡名登庸，舍井蛙而旋登月阙；巳辰卯名正己，人物咸亨；辰卯寅为返照，行藏攸利；卯寅丑联芳，悔吝须知否极泰来；寅丑子游魂乘凶坐见事成立败；丑子亥为入墓有收藏之态仕进无气，子亥戌为重阴，安嘉遁之形宁甘没齿。

自亥而回戌，自戌而回酉，一团阴气用事，可以卜其心之所藏矣。戌酉申为肃煞之地，昔孙膑占之不满期而出刖足而返，故名。戌为牢狱之地，酉不向戌而向申，是为出狱不与戌之群丑为伍，而往西南是平昔之亲类反疏而疏类反亲矣。申为阴而午未凌之，阴阳交战安危之机也。晞指午未渐而入之，是脱凡境入高明意。午巳辰逆转，又未中有井宿，午逆向巳，巳中有蟾，月阙是也。巳宽大有正己之象，从巳至辰卯正己而正物，人物皆归于通达。寅中有生火，辰卯返而从之，是返照也。阳明相比行藏自利，发泄太过中藏乌有反为吝象，今归寅卯于丑披枝归根，方是泰来之象，寅之阳气正好发舒，反入于丑子阴极之位，诸事不利。魂阳魄阴，向晦宴息，百事收藏，占者宁矢志没齿，静俟不敢进也。

局有进退之意，气有旺绝之殊；衰墓总同退断，胎生进气无虞。退气则

吉事成凶，凶事反吉；进气则安者益安，危者益危。

长生之十二位，所以象人之始终也。要从胎处说起，盖胎在母腹中，养在始生之时，长生则从始生，渐渐长矣，宜竟接冠带，何为有沐浴一位？盖五行之气不郁不舒，不凝聚不发散，正复卦安静以养微阳之意，这一点生意不得沐浴处一番闭藏，如何得冠带而临官而帝旺也？到帝旺处一生事业尽矣；衰病死理势必然。至墓之后胎可言矣。又加一绝，五行之气不生不有，十月之纯阴何以得一阳之生，绝正死生互换之交，人鬼转关之路也。课义虽言五行，实字字切着人事，细玩相见。进退二字，全在旺相休囚死五字中分别；大抵吉气进则聚，散则吉者不吉矣，气退则散，散则凶者不凶矣。

顺连茹空，名曰声传空谷，退吉而进则不宜。逆连茹空，名曰踏脚空亡，时宜进而退不可。三间之课，亦有缘由。课传六阳利于公干，课传六阴利用阴谋，半阴半阳原情审势，阴多阳少以理推求。

阳为德而阴为刑，阴从夫而阳自处。癸为闭而丁主动，闭为死而动主生。

子午卯酉多是五阴所寄，而日德从于阳干在四孟位上，如甲禄在寅乙禄在卯，甲与己合，而以寅为德禄，乙则合庚而从庚之申以为德。余例同。癸水润下之性于逢旬尾曰闭口者，言水气在上不能开口也；假如人在水中一闭口便不能生矣。丁火之性主阳主动是生之象，正与癸相反。

空亡乃耗散之神，初斩首，中折腰，末刖足。辰戌为网罗之煞，辰覆巢日毁卵而用逵。

空亡乃天中煞，人只知旬空为十干不到处，不知惟虚能起化，此正天之中也，故曰天中煞。数中凡遇空亡不可使说不好，要细察始见端的。天罡之气鼓万物而出，天魁之气收万物而入，四时网罗之煞，言一网无余也。在日辰上是静位，所以为覆巢为毁卵，在用上是动机所以为置逵，言一往便留碍也。

年命若立魁罡，动者静者而静者动；日辰加临卯酉，离者合而合者离。

立是年命所乘神，立于地盘辰戌之上，非辰戌作年命也。

三传纯子孙，不求财而财自至，纯父母勿忧身而身自安；三传纯妻财而父母克害，三传纯官鬼而兄弟成灾。

毕法云：六爻现卦防其克即此意也。

见克不克从其鬼贼，崖岸迫而勒马收缰；见生不生不如无生，鸟兔尽而藏弓烹犬；见救不救灾须自受，当如燕雀处堂，见盗不盗本根无耗，须识荆棘巢凤。

凡见克神要细看他立处，若是生地，它自恋生不来克我；若是他之克处，他自受克不能克我矣。

下三句俱如此看，如人之临于危崖尚可收缰危而不危也。鸟兔尽言人之施恩于我者，今已尽矣。燕雀处堂而不知危机将至，救神无力也。荆棘解盗字，巢凤则盗而不盗之意。

合中带煞，蜜里藏砒；煞遇空亡，饥食甘李。交车入长生之位，苦尽甘来；交车坐刑害之宫，幸中不幸。

吉中凶、凶中吉须详之干支门路，止在上下照射处，故曰交车。此处刑冲克害极有关系，盖交车二句似指交车立地盘长生刑害也，玩位字宫字自见，不然与下节重复矣。

先生后克，乐极生悲；劫煞入辰，萧墙祸起。

乐极生悲即毕法乐里悲意，劫煞如亥卯未在申，其应极速，萧墙应辰之一字。

日辰神将交会，龙虎聚良明之会；日辰神将交克，猿鹤争风月之巢。

龙虎是合气的状，猿鹤是不合气的状，交生交克可谓极切。

交车入墓，暗哑双盲；交车冲刑，风瘫痴隔。

喑盲俱切墓字，风瘫切刑冲字，可见凡断当各从其类。

乙戊己辛壬同四季名，曰九丑，天地归殃；死绝休囚气加日辰，号为二难，夫妻反目。

凡戊子、戊午、壬子、壬午、乙卯、乙酉、己卯、己酉、辛卯、辛酉日，而大吉又临日辰子午卯酉上者，为真九丑卦也。盖乙是雷电始动之日，震为不安之位；戊己是诸神下位之日，戊己为坤诸神清虚之气合德于乾，转入坤维，曰下位是也。壬是三光不照之位，壬禄在亥，六阴俱足，日月之光至此损照。辛是西方煞物之位，如何又居在四仲极阴位上。大吉是十二宫神之主，为贵人本家，所以为星纪，诸星朝会于斗也，今又临四仲极阴之位为九丑；九，阳数，丑；言阳之丑也。二难正配夫妻两字。

上下六合，主客合同；上下刑害，冤仇相见。引从日辰名曰用媒，家必兴而人必旺；干首支尾名曰回环，成吉而散事凶。

男年支而女年干，合后成婚；辰加罗而日加网，巧中反拙。太阳照武，宜擒贼盗；月将加辰，宅舍光辉。魁度天门，行多阻隔；罡填鬼户，事任谋为。

既定课传，次观神将。贵人为百神之主，得位为福，失位为殃；螣蛇为卑贱之神，旺相怪异，休囚亦主忧惊。朱雀文书，亦主刑戮奸谗口舌，白虎道路，又为官灾疾病死亡。勾陈主迟滞勾连之事，囚主讼而旺主生；玄武为盗贼虚耗之神，休失人而旺失物。六合为婚姻合和，妇女得之则为私门；太常主酒食衣裳，武职占之则为擢任。青龙所主财物，文官见之尤为恩宠，天后虽为妇人，庶人得之亦主亨佳。天空奴婢妄诞，太阴暗昧不明。

太公前只用天将十二，后见丑位为己土之精北斗之枢，是十二宫之气化拱照之地，因而加一名曰天乙贵人，贵人即丑也；前五位引之，后六位从之，其间分文武贵贱男女，如天后贵人之妻，太阴贵人之妾，空蛇皆贵人奴婢也；龙朱文臣，常勾武将，所不可不知也。蛇属巽，风火摇动不宁，故主惊疑，离火外明内暗，故曰奸谗；火赤色，故主刑戮。虎主坤方故主道路，又申金杀物，故主官灾病疾。勾陈辰也，万物至此勾萌甲坼未舒迟滞勾连之象也。玄武为亥水，阴私暗昧故虚耗。六合和合之意，妇人岂宜私和。未味也，言物至此月而始成味也，故曰酒食；衣裳者，谓麻絮丝绵都于是月就绪也；曰武职者，言巳午所生之金得未土而刚锐之气毕聚会，至申位方显出纯金来，可见未中之金已旺了，故为武职。寅为三阳开泰，号曰青龙，正应文武之德，世间财物吉凶嘉宾生死丧祭，贵贱尊卑男女长幼，哪一事少得？所以属青龙，言其变化莫测也。天后有恩泽意，故亦云亨佳。天空诞诈，太阴阴私是也。

寅功曹主木器文书，申传送主行程消息；卯太冲主林木舟车，酉从魁主金刃奴婢；天罡为词讼兼主死丧，戌天魁为欺诈或称印绶；巳太乙惊怪癫狂，亥登明阴私哭泣；午胜光官讼连绵，子神后奸淫妇女；丑大吉咒诅冤仇，未小吉酣歌医药。

辰乘贵人合禄，公门役吏，遇马而为奔走公人；戌逢空禄临孟，为丁哨边军，见丁而为逃窜落阵。大吉小吉作勾陈，斗争田地；天魁从魁为六合，奴婢逃亡。从魁若乘武合，妻妾怀娠；传送上会青龙，子孙财损。胜光如逢天马，必问行人；太乙若逢白虎，家多疾病。未逢天后，妇人奸淫；丑合贵常，欲添财喜。天空临酉，走失家奴；常遇登明，亲朋酒食。辰戌见空武，奴婢逃亡；小吉单逢六合，婚姻聘礼。

辰上原无贵人，若天乙立地盘辰上则贵而不贵，若合日禄主为公门役吏，但食其公食而已，更带日马则为奔走公人。戌加天空军人之象，临孟而为瞭哨者，言去路方赊也。丁者壮也，惟壮盛善走，所以落阵中亦能逃出。从魁是妻妾，玄武为胎，合是怀孕，子孙历代相传，传送之意。青龙为财居申受克，非财损而何？胜光离火为日之精行游之象也，更乘天马，岂非问行人事？太乙在紫微垣内家室之象，遇疾病刑煞之神，则抱恙可知。未地始离于阳渐进于阴，再乘天后，奸淫必矣。丑为贵人本家，太常为财为田，合而得之，则财产之事添进无疑。天空为奴酉门户也，奴临门户，背主逆行。亥卯未三合故未亥为亲朋也，又未中酒食与亥共之。辰戌动而不静，有奔走之象，空是奴武是婢，临于辰戌故云。小吉主礼仪酒食，又见六合牙媒之神，其为婚聘也可知。

辰逢勾虎，必问田坟；丑作虎勾，墓田破损。太岁龙常，来占官职；子乘龙合，女受皇恩。寅乘龙合，儿孙欢庆。二八如同阴武，私通门户摇动；巳亥若逢阴后，二女奔淫不已。子作六合为荡妇，见亥亦作孩儿；丑遇天空为矮子，会申名为和尚。寅作朱雀，会卯为文章之辈；寅乘玄武，见巳为炼

丹道人。卯上乘传送为匠斫，辰上见白虎是屠人。巳入酉宫为犯刑远配，会太阴亦作淫娼；酉加午上为宠婢登堂，会六合必主淫乱。未加酉为继母，申乘合作医人。戌作天空健奴军吏，亥乘玄武乞丐鬼神。

天罡主动，勾陈属辰为田坟之象，更见白虎凶丧之神，则动问必在田与坟矣。丑土主静，遇勾虎凶神必主墓田破损事。太常君象，文视青龙武视太常，二者如近太岁岂非问官职乎？子为天后，龙为恩宠，女为龙合，自是膺受皇恩之象。寅卯即青龙喜神，六合为儿孙，所主必喜庆事。二八谓卯酉，如乘太阴玄武蔽匿阴私之神，则门户污淫必矣。巳为双女，巳为双鱼，都为淫乱之象。子为妇女，见阴私六合之神，自然所主浮荡。亥为幼子，乘六合儿孙之神，其为孩儿无疑。天空是戌为足而加于丑，足为丑刑不能大长，故为矮子。天空亦作和尚，申解作身，身会空则身入空门矣。寅为书籍文章，卯为士，朱雀文明之象，课象值此自是文人声誉。寅为道士，玄武不正之神乃窃取财物者也，巳为鼎灶，相会为一炼丹可知。一说寅属艮，成言乎艮，道在是矣；上玄武下巳火，水上火下，正丹经所云：取将坎位中心实，点化离中腹里虚也。申者身也，身琢木为匠作，又卯加申琢成器物。罡乘虎煞气太旺，故为屠人。酉土煞是天地之刑官，巳从巽入兑相克，犯刑之义也，又巳加酉为配，所刑必属远配。巳双女见太阴阴私蔽匿之将，所主必淫邪事。午正阳有堂之象，从魁婢也，加午为登堂，若见六合阴私之象，其淫污可知。土生金者也，金旺于酉，土败于酉，以败气生旺金，如子已长成而母又生之，故为继母。申身也，身入六合药材之中，岂非医流？戌者戌也，天空戌之本位，故为军奴。玄武脱耗，亥为天门，故云乞丐鬼神。

虎踞二八之门，八难兴而三灾发；贵立天门之地，六神藏而四煞没。

卯酉为二八门诸事所必由，今为虎踞，灾难自兴。惟丑贵加亥方说得四煞没六神藏，四煞即辰戌丑未而加四孟，则化凶为吉矣。六神藏者，蛇临子、朱临丑、勾临卯、空临巳、虎临午、玄临申是也。

太常乘破碎为孝服，加天狱螣蛇主灾致讼；天空会勾陈名为斗争，会伏殃化鬼家破人离。天后临卯酉，一举成名；月将乘青龙，片言入相。勾龙同

居旺地，财宝如山；常贵共入官乡，当朝执政。

四孟金鸡四仲蛇，四季丑日是红砂，此破碎煞也。太常主衣服而遇破碎，岂非孝服之象乎？天狱即天狱煞也，或值天狱卦亦是；常乘此更会螣蛇惊恐之将，灾讼必矣。天空即为戌，勾陈即为辰，辰戌相争又魁罡动摇，岂非斗争？伏殃正酉逆四仲，凡四仲为五阴之地，阴盛化鬼，家破人离之象也。又天后为恩泽之神，月将君将之象，又青龙为恩宠，太阴属金乃财帛之神，勾陈积聚之神，妙在同居旺地、四字问功名一事，大抵要官星得地，若太常天乙入官乡而他处更无克害，便是升官迁职吉兆。

年临孤寡，自甘半世孤灯；日遇空亡，多主首阳饿死。太阳加神后之位，水火之灾；太阴临胜光之宫，主自缢之患。财遇绝宫而上乘旺气，定因白手成家；子作白虎而下见离明，多主螟蛉承嗣。年命加临卯酉，作事朝移暮改；龙合下临丑未，为人佛口蛇心。武会太阴，嘲风弄月；虎同天后，迷花恋酒。财同朱雀，主口舌上生财；武见官鬼，因奸伪中成事。财为天后，主宅主妻；财作太阴，为奴为婢。年作卯酉而入空申，随娘再嫁；时逢酉未而乘刃绝，市井呼卢。合武乘旺临酉寅，非雷惊必主沉溺；虎蛇带煞临未巳，非虎咬必主蛇伤。子午卯酉为关格，谋望多主难成；辰戌丑未为墓神，发用多因掩蔽。

四时前孤后寡或值旬空皆为孤寡，若人年临孤寡地，占婚最忌。日遇空亡，单言日干落空，则主空乏之事。水火相激而成灾，干火克乾金，乾为首，火为心，心自害其首，故有自缢之象。财物遇绝是白手之象，上乘旺气则绝而复兴。虎伤子息本应无儿，幸离火克虎则绝而不绝。卯酉为日月往来之门，故主移动不一。六合青龙乃东方生气主慈，而临于丑未上又主克，是口慈而心毒。阴生阴水，水象淫佚，又金水相涵，风月有情。白虎为传送之神，会天后则闺门哪得贞静？大凡事之成否要视官鬼，苗公云：不克不成事者此也。申为坤为母，申空而母不安室，人年又加卯酉，必主变动，故云。酉为歌喉，未为酒店，又乘刃绝，故不事正业但日趋于败耗地也。六合司震，玄武属水，水雷屯正雷雨之动满盈也，故云。又蛇虎凶神，带煞乘巳未之生，其凶愈甚，故主受伤掩蔽。要论旺相休囚。

占天看云龙风虎，察水火升降以辨阴晴。占地看玉藻金英，视神将生克以知吉凶。占宅占人看日辰而次详课义，占狱占病视勾虎而解救同论。捕亡三奸之下可得，鬼祟类神之位推详。占婚姻视天后妻财与日辰比和，占胎孕夫妻年上方判阴阳。占谋望要成神合气，占求财要看旺相龙常。占功名先看吉神吉将，占官职当明天吏天城。

占地，支之阳神是墓，支之阴神是穴，玉藻金英有之。勾主狱，虎主病，见此宜视救神。凡亥子丑有一位加于地盘仲上，则对冲处便为三奸，对冲视天盘。天后妻财日辰比和俱重，若一处并吉便可言吉。男女自夫妻年上推来方的。成神正巳顺四孟，合气是合旺相之气，言成神有气不休囚也。龙常是财神。

出行日为陆而辰为水，视神将之生克以辨吉凶。经商辰为主而日为客，视神将之衰旺以定合宜。子孙动而求官不吉，官鬼动则兄弟迍邅，兄弟动则妻财有损，妻财动则父母灾危，父母动则子孙受克，官鬼动亦忧于己身。吉神宜旺宜相，凶煞要墓要空。吉神空吉中不吉，凶煞空凶内不凶。吉居德禄之宫，出潜离隐而招祥致福；凶居生克之地，恋生解克而无暇害人。贵人顺治凶神少降灾殃，天乙逆行吉将聊施恩泽。

盖子至巳为阳，亥至午为阴，乃天地一大开辟也。贵人顺治向南诸事吉，逆治向阴位去则诸事主少吉。

凶神刑害日辰，连绵灾祸；吉将交加课传，不绝欢忻。凶神和合虽灾而不致深危，吉将刑伤有庆而终难全美。日辰有彼我之分，神将有尊卑之别。克日则灾及自身，刑辰主祸延家宅。男推日而女推辰，于中玄妙；阳课明而阴课暗，此际幽微。孟仲发用事应尊亲，季作初传定应卑幼。用神验人事，比和为亲为近，不比为远为疏；神将断吉凶，旺则日新月盛，衰则渐退旋颓。贵神带印克今日为有位有禄，申午相合乘天后为保为媒。虎克日辰，官灾痨病；勾刑卯酉，路死扛尸。白虎会旺相之金而克害年命，难免一刀之厄；勾陈合太岁之神而刑冲日辰，定遭尸解之厄。年逢阴鬼，暗地生灾；日

遇阳官，明中致福。

大凡合处为来之有路，带印非生我之印也，乃巳加戌为铸印也。戌为印绶，皆所谓带印。经云：带印皆指遁干生贵人说，此大有道理。传送象媒保，午为朱雀，乃口舌上生财是也。又传送于道路而发用在天后曰主讼。辰主疾，勾主死尸，卯酉主道路，金旺虎愈旺，其凶愈甚。岁君合勾陈刑冲日辰凶不可解；言勾虎者，以二煞原极刑极阴之气故也。阴鬼是建干遁来之鬼也，阳官则实见于干上矣。

要见分类形状，当视州野区分。子列青州，亦主江湖沟涧。丑为扬地，更为宫殿桥梁。寅主幽燕亦主栋梁寺观，卯为豫州更为棺椁门窗。辰为兖州亦主井泉坟墓，巳定荆州兼为弓弩帘筐。午主三河亦主山林书画，未为雍州酒店茶房。申为晋域更主神祠鬼屋，酉为冀地又为库房山冈。戌主徐州亦主州城牢狱，亥为分邠地更为居榭厩房。此特举其大概，于中仔细推详。

子作内房妇女鬼神兼泄泻，丑为庭院秃头病腹患肠脾。寅主道路，入长生则为道士，主须发而病疯痨；卯为门户，会玄武则为经济，主手背而病在膏肓。辰为墙垣书簿，主皮毛臃肿之灾；巳为炉灶小口，主咽喉面齿血光。午为堂屋，主心目吐泻瘟；未为井院，主头胃膈噎椎梁。申为驿递，主骸骨心胸脉络不利；酉为六户，主口耳小肠喘咳难当。戌为墙院足腿，亦主梦魂颠倒；亥为侧阁虐痢，定应脾疝膀胱。自兹触类而长，当尊此例推详。

天后为妇女，天一生水，鬼神造化之始。丑为星纪，寒土不生毛，故秃头。木主肝，又膏上肓下，肝之表也。巽为风主入，蛇火主血光未井宿，先天午未属乾为首，未者味也，故言胃。魂藏辰戌，魄藏丑未，虐痢寒热往来。

先贤时察来情，端倪无不应验。时遇空亡，必主侵欺诈伪，时乘驿马，必主动改迁移。冲日冲辰，彼我流离颠沛，同辰同日，事情偃蹇迟疑。时日相生迭为恩泽，时日克害互作仇寇。日克时则为财，时克日则为鬼。遇子遇午时往时来，值卯值酉为门为户。时乘日墓虽成而终成暗昧，日得夜时见贵而反作不祥。日逢时破主走失之灾，辰遇时刑应讼狱之祸。时干日干相合，

外事和同；时支日支相合，婚姻和会。日辰俱合明时，内外见一团和气，正时冲刑月将顷刻有不测灾来。

古人以时为先锋门，故未得课先视正时与日干禄墓生克何如，又以天上正时所乘神为直事，而事之原委已可知矣。如甲日巳时，巳作蛇便知为子孙忧疑事也。

大抵四课三传克多则事烦，克少则事一。生多则虚诞，生少则理明。

三传内有克日，子孙即为救神，无克则为脱气；日辰交相入墓，冲神号作天恩，遇墓终成破损。

天地务致中和，阴阳不宜偏胜。

鬼临畏地，当忧不忧；财入鬼乡，闻喜不喜。

神将交克，占及夫妻；同类相伤，事因昆季。

财遇天中，产业倾颓；鬼临旬尾，官灾不起，

吉凶视其神将，生死辨其安危。

例多而同归一理，举一隅当反三隅。

天中谓空亡也，旬尾谓闭口也。

卷三　六壬会纂

天　时

天象先占大角星（辰），指阴主雨指阳晴；贵登绛明（亥子二宫）时雨沛，豫卜阴晴此法精。

龙入庙晴（龙加寅）升天雨（龙加辰巳午未），虎出山林主烈风（虎加辰巳午未）；水运乎天叹霖泽，火离于地仰晴空。

风雨之方看龙虎，风雨之期寻羊鼠；螣蛇朱雀加卯丁，电雹霹雳空中观。壬癸亥子临寅卯，甲乙之日见淋漓；若加季位等戊己，巳午丙丁依例推。

课传不见亥子临，或见空亡可类寻；子乘龙神丑上住，青龙合处雨期霪（如子乘青龙，以地盘合处上神断雨期）。

衰旺空刑须细辩，克日有气滂沱见；无气空亡微雨来，如响应声真可羡。

风雷煞动大风起，云雨神临骤雨来；猛烈润下真足畏，迅速飞符疾雨雷。

雨师（丑）会毕（酉）雨满天，风伯（未）会箕（寅）风满谷；干在贵后雨倒河，干在贵前风拔木。罡加四季天无云，去日几位是其候；月将加时再一看，丙丁之下晴光透。

金为水母（申）巽风从，震为雷（卯）兮兑（酉）为泽；更加神煞旺相推，晴雨掌中端可索。

阳备(即阴不备晴)兮阴备(即阳不备雨)，雨曲直生风炎炎旱；从革主晦润下阴，稼穑是土晴可断。

占雪之法何以云，太阴寅卯值用神；青龙暂时天后久，戌未白虎六合真。

太乙翼蛇头有雪，天干遁起丙辛加；雨水入传无克战，玄后龙阴布六花。

阳　宅

支来干位宅就人，干来支位人入宅；刑冲克害生旺看，否则二者有损益。

初末引从支贵神，肯堂肯构气维新；周偏循环宜守旧，外战内争动有迍。

三传脱支生日干，人多屋少从此断；三传盗干生支辰，屋旺人衰何必算。

三传生支克日干，卖屋偿人免灾晦；三传生干克支辰，屋假他人弃家退。

三传作财生两鬼(鬼临三四)，官非疾病一时生；支干相加被脱克，居无正屋自然明。

内顺外助三合格，最嫌蜜里暗藏砒；神合旺相六合局，切忌三合为害之(合中带刑中破害也)。

日禄加支被脱克，造房修屋防耗厄；墓神临支少欢娱，如逢月将高明宅。

太阳生辰显者至，宝藏麟儿喜庆来；干支禄马如逢吉，身动家迁事事谐。

罗网来乘身宅下，颓垣败栋不堪居；干支乘鬼伤人宅，遇日刑冲凶岂虚。

三四遇官灾讼起，若逢岁破少安宁；干支上神如互脱，防脱防偷事不停。

虎入宅凶蛇冲吉，龙乘生气家日昌；居金谷兮龙虎拱，卧陋巷兮𬓿兽伤(虎冲支上神也)。

寅木虎伤崩摧见，支乘常死孝服招；死虎丧绝阴司去，火鬼带丁天火烧。

干克身凶忌见蛇，丁伤支动须防虎；血忌支厌煞入宅，更防呕血堕胎苦。

丧吊干支两处逢，姻亲啼哭恨无穷；旧岁更乘天鬼煞，克支灾疫一家中。

三交九丑妨白发，远在三年近三月；全财化鬼亲无妨，无鬼父母眉寿竭。

传官太旺伤兄弟，透印之时方得安；兄弟重逢防财损，子爻出现反成欢。

父母乘传嗣息忧，比肩若透反多子；传中盗气本伤官，六处有财偏吉喜。

支之左右是傍邻，辰宫正冲即对门；金见螣蛇斧鸣怪，木逢白虎栋摧论。

卯作门兮酉为户，须防官讼盗来侵；未为泉井巳推灶，要得平安吉宿临。

震巽木星为栋宇，艮坤土宿作墙垣；乘凶乘吉须先定，安宅安人继后言。

阴地

辰阴主山看坐落，生合冲刑定吉凶；冲位对山防克害，旺生德合最宜从。

上下皆合风气踞，干支爱克沙水去；青龙左辅空陷忧，白虎右扶刑破虑。

伏尸支上临墓虎，朱雀空刑山案差；土神旺处龙不错，龙神春辰未秋戌冬丑　蛇落处穴应佳。

玄神乘水（亥临壬上癸亥子上）水之玄，土宿临山（贵常勾空临四季上）山势抱；阴后水口蛇罗城，勾陈明堂阴阳考（勾之阳神，为内明堂，勾之阴神为外明堂）。甲乙木神树株森，丙丁火宿冈凿叠；庚辛冲克路歪斜，戊已古塚丑休旺别（木火土金水俱分休旺）。

壬癸加临水不谬，旺相休囚仔细详；祸乱相见为祸乱，祯祥如遇断祯祥。

迁　移

周遍循环内外战，占逢此课莫更移；前空后盗固魁度，迁动家中悔吝随。

不利移居是何课，初生末墓罗无破；墓刃临身若动移，吉庆无兮有大过。

旺禄不空当守旧，返吟空动亦如之；昴星如遇传蛇虎，旧宅遭新不宜。

干支乘旺莫图迁，迁遭罗网祸忧连；两仪（干支）但承死绝气，最利更新获福全。

贵坐乾宫罡入艮，自墓传生新室良；伏吟丁马迁居吉，九丑如移未免殃。

斩关发用远移近，众虎入传守旧安；两蛇夹墓无冲破，毁旧更新作咎看。

香　火

天乙乘鬼断神祇，天空作官评佛位；绘画诸真当看玄，塑成众圣土星类。木将见金雕刻像，金神遇火炼镕成；相生相合祯祥断，逢克逢冲祸患明。

婚 姻

夫卜妻姻成不成，财居旬后(空亡)总无情；女推夫婿将何断，鬼坐天中(旬空)同此评。

传将生合百年配，干支刑克朝夕背；男女年命孰相加，欲其事遂两法对。

欲知偕老是何术，全凭财官虚与实；财乘旬后凤孤飞，官坐空亡鸾失匹。

中不虚兮初末虚，水火脱骗两相欺；递生干兮傍人赞，末传合处验成期。

财常日本必占姻(财乘太常或常加日本,来意皆占婚)，水逢丁马吉祥新；河魁度亥风波动，牛女乘常晋合秦。

传财生鬼必贪淫，财克生爻侮悍情(谓背逆公姑之意)；财乘暗鬼(即遁鬼)官讼起，财克阳生(财克生爻)夫命倾。

日辰逢引两不良，后合干支丑行扬；龙伤支兮妇先损，后克干兮夫早亡。

印绶公姑安可犯，子孙嗣息忌弄临；女貌妍媸寻后次(天后阳神)，男才修短看龙阴(青龙阴神)。

四课无淫婚必舛，九丑有克定忧貌；无淫(阴阳不备)解离(干上神克支、支上神克干)心腹祸，外争凶浅内争深。

阳课而二女争夫，阴课不备男竞女（二课婚后有词讼）；孤辰寡宿多克刑，狡童泆女奸淫许。

传将见妻复入空，中年弦断无续娵；空于其妻又见妻，初虽有伤后再娶。

孕　产

受胎之期长生看，妻年上神此处算；月归生年日归月，时又归日再一玩(假如妇命乘木为胎神，看木之长生落何地盘即知其月有孕，又看月之长生落何地盘、即知其日受孕，又看月之长生落何地盘，即知其日受孕也)。

妇孕中加夫命上，妇行年上一详推；阴神生女端可必，阳曜生男却莫疑。

男女须观日上神，刚干阳比是男身；若还阴比知为女，不比阴阳两处巡。

传合西北为弄瓦(即从革润下局)，传合东南是弄璋(即曲直炎上局)，二阳包阴女衣裼，二阳包阴男衣裳。

纯阳之课多生女，课传阴极复生男；罡加比日为男喜，不比端然作女参。

阴阳昴星两课举，阴俯是男阳仰女；不备何能十月全，阳备（即阴不备)，为男阴备(即阳不备)女。

一乳二子理甚约，年命课传须审确；重逢建将日月建(也,是双胎)，男女阴阳再思索。

建阴为女建阳男，卦象阴阳一法参；(如酉胎为兑女也，卯胎为震长男也、以此卦象参断)男女双生何处断，干支胎位两重探。

欲识产期何者善，胜光所临最为便；又有冲胎一法看，女命纳音冲处验。

生养之下究产期，胎乘鬼死堕胎推；年命(夫妇)冲克胎神者，生儿不育令人悲。

怀胎凶吉古今难，全凭落处地盘看；生旺比和祥可知，刑害克绝凶立验。

子母平安最为要，须用支干细参照；支伤损母干损儿，两处无伤子母笑。

又审盘中合后神，死生克制细详论；合受下克伤儿命，下制天后危母身。

生儿顺逆理通玄，卯戌相加细细研；卯加戌上手指地，戌加卯位足朝天。

干加支上子恋母，支临干位儿生连；胎加生方子生艰，两仪（即干支）夹传产门塞。

罗网日暮母多忧，蛇夹月厌亦同求；年命乘神若冲破，转凶为吉又何尤。

贵传俱逆生两难，贵传俱顺生最易；魁度天门阻滞多，煞没神藏顺快利。

胎逢偏鬼及玄神，种子私娠断却灵；天乙发传名富贵，可知儿是石麒麟。

悬胎五等详宜忌，寅加亥上家禄利；临子为败巳病推，申辰衰绝君须记。

疾　病

病症之源寻虎鬼，沉疴之际看生龙(龙乘生气)，须防虎鬼驾马恶，死墓绝空为最凶。

福德(即子孙爻)加临名解厄，贵医年命病全安；丧吊死常分凶外，病符亡鬼死生看。

引鬼为生忌收魂(玄乘日墓)，因妻致病嫌坟墓；全然脱败身尪羸，鬼死两逢症愈痼。

鬼户宜关人恶入（日干年命加寅），天门魁忌贵登嘉；生空退茹寻死格，逆间迟痊倒拔蛇(空退茹寻死格、逢间传难痊)。

身尸入棺亡可断(庚日申加卯)，两蛇夹墓疾难除；忌对血症多崩呕，常后婚筵起病初。

金水遇丁须两论，旧新病症验空亡(新病应上字,久病应下字)，岁墓干墓并蛇虎，如临卯酉犯重丧。

网罗日墓覆支干，善神冲克危即安；闭口绝禄忌合绝，华盖孝帛命年难。

蒿矢见金亦甚凶，浴盆(神煞)有水还须忌；日墓传生危化安，初生末墓多忧事。

虎头蛇尾重还轻，龙末虎初凶变吉；庸医杀人官鬼乘，子爻丸散能疗疾。

德丧禄绝最为凶，贵临福集祸转福（福集子孙爻也)；循环周遍二课名，占病逢之多反复。

卯加戌逆主风搐，子临巳位定死亡；六亲还当逐类看，课占大吉（大吉课占官则宜、占病主大凶)两端详。

出　行

出行先看天干踪(即天上日干所临处也)，务求地道五成逢(天干临地盘生旺德合相也)；中末两仪玩其义，七战当须断是凶(谓刑冲克害空墓绝也)。

中末逢空初不空，游人半路欲回踪；初中空陷末传助，在此以艰难在彼丰。

更忌驿马居天中，劝君不必似萍踪；若逢抬士(即月建)及关隔(天罡加四仲)，道路四塞何时通。

逼迫令人难进退，干前之神测何因；狐假虎威休妄动，若还强动有忧辛。

远行谁不渡江河，发用支干要合和；干逢行旺宜行陆，支上无伤听棹歌。

河井相加不可往，卯辰覆立死不爽；太岁遭虚(子中有虚宿)宜避之，登明加季须放桨。

干乘玄劫克命年，陆路提防盗贼连；白虎临干克年命，断然抱病客中眠。

年命加支三与六，吾爱吾卢乐潜伏；驿马居夜静中看，必俟天明方驾輶。

灭没(四季旺方也)飞符去不宜，长生日德遇合奇；方神最忌年相克，丑酉未寅(丑加酉、未加寅主有风雨)一探之。

干乘凶将支上吉，急往他方应有益；支见恶煞干上无，若安本分忧疑释。

斗击日本利家栖，天网张时急避宜；庶人占得大吉课，出门有益在家危。

初传旺相末传否，前去行藏叹不偶；初传囚死末传旺，彼处机缘真个有。

未丁马加季奔走，吉课好两法推(谓二阳包阴，二阴包阳)；传阳宜动传阴静，须求数理不须猜。

丧亡道路死绝临，羁绊旅程财墓见；善恶课体细推详，神煞乘之吉凶验。

旺禄出门罗网加，墓空登路雾云遮；虎蛇遁鬼凶重至，贵德登门吉事夸。

行　人

行人占法实多门，学者还当仔细论；二马年命入传课，归期有法后诗存。

传逆贵逆日用前，白虎催程返故园；更求末足(即末传)抵辰日，干支互临又何延。

支上传干人固来，干传支上亦同测；干若克支离彼方，反此卜归归未得。

刚日伏吟丁马见，立刻游人到草堂；柔日丁马逢刑战，关河虽远亦还乡。

初传若是逢空陷，有阻还当逐类推；末遇天中邻近滞，仍详神将为何迟。

中传空亡途路阻，详察何类知为谁；返吟四绝人必至，虽见天中亦不羁。四季玄临法最奇，六三合用地盘宜(以用神合处断来期，近用六合，远用三合)，玄神乘季传将入，更在支神下位知(断来期)。

正时天乙入支干，湖海行人会不难；久去不知踪迹处，游年分野细推看(以行人天上行年所加之分野测之)。

天上行年遇陷空，游人染患客帏中；行年加孟他乡吉，加仲为灾加季凶。

年居生旺比合喜，刑克墓绝悲哀拟；吉凶好向课传看，此法从来为正理。

遥遥年命离支辰，地角天涯几度春；巳亥若临归日近，无期因是在寅申。

不识行年何以分，又当辰上致殷勤；相生旺相俱为吉，恶煞刑冲作晦云。

日与年神生合吉，日上年神刑害凶；支水干陆宜乘吉，玄劫井河祸事重。

年临三四来期速，日之二课到时迟；书信几番人未至，支前四位上神知。

孟迟仲中罡季速，用神墓绝日归来（阳日墓所临之下来，日绝所临之下来）；游神加孟归期远，仲在途间季速回。

所占若入课传中，逐其类兮天盘探；将神之司各有门，子父财官须一勘。

发用前于本日支，便观天上日临时；若还发用居他处，旅次盘桓未动移。

三千里外卜将军，千里须令看岁支；五百之遥寻月建，百里干临五十时。

须度门限与二至，末度何须望远征；更逢游戏二马到，生日之神定何程。

传墓入墓不须疑，征途揽带归心迫；间进间退两课名，他乡阻隔分明白。

末传与支会日干，三会归时早晚间；魁罡二将乘二马，虽不入传回故山。

天罡加在日辰前，千里迢迢必着鞭；若要居在日辰后，纵然咫尺不思旋。

卯酉为隔子午关，魁罡加处事多艰；津梁风雨时进阻，中路行人未得还。

朱雀天鸡及信神，课传乘马信音频；三神若或逢空陷，鱼雁寥寥尺素沦。

克日生合书必来，干克用神书不寄；天日临时有便鸿，逐类求之识何事。

循环周遍两课名，旦夕游人抵家下；初克末兮旆已还，末克初兮车未驾。

传将若合三六中，眷恋他乡资斧丰；支干上逢罗网罩，淹留客舍叹飘蓬。

游子斩关退作传，丁马再动归旧处；游煞丁马行不停，退则来兮进则去。

更详年月节旬候，日辰正时鳞次透；应期再向此中求，诸法精奇无洼漏。

趋　谒

干谒之利三六合，彼我两仪欲相洽；六阳公事和谐看，六阴私谋素亲狎。

拾益就损忌动用，根断源消防耗失；逼迫旺禄守旧宜，周遍循环所求得。

初空末吉终有获，首上尾加(旬尾加旬首)干何益；度亥塞鬼二者推，有阻无阻此处绎。

引从干谒往必晤，任信寻访必难谐；二贵合害分轻重，六亲生克吉凶排。

日德阴神见长短，末传合处是成期；斫轮空亡须图改，昴星蛇虎安旧宜。

选　举

帘幕贵逢黄榜策，魁罡将遇青云客；鬼斗临干魁可揄，文华克岁犯时责。

从魁生扶亚魁中，辰未来临解首逢；万里风云看龙奋(即蛇化龙)，一生泉石有蛇封(即龙化蛇)。

六阳月将生光辉，两贵拱夹荣名逐；墓神覆日文理差，罗网缠身书旨晦。

德入天门中必崇，河魁度亥失登庸；旬首冠群详五甲（甲戌甲子甲寅甲午也)，真朱超众忌三凶(一克太岁、一克幕贵，一榜将出忌乘丁马)。

格见天心贵异常，源消根断(谓四下生上也)费商量；雨露润泽(谓四上生下也)中无虑，刑害空亡取次详。

武事

蛇蚓(巳)象弓心花忌，觜参(申)属矢要如意；仲为中的孟角花，午贯正鹄季落地。

一课一矢二课二，三课三矢四课四；纪用箭数课中详，旺相休囚加减记。

仕宦

欲问前程有与无，日辰虚实定荣枯；临官帝旺干支遇，爵禄荣任帝都。

六阳数足功名显，前后引从卿相荐；传神互克妨诤章，课将遍生声誉遍。

三传退间蛇倒拔，三传引进龙飞天；将逢内战官超转，德禄天门名显传。

鬼曜逢虎号催官，禄神临支当替役；凶丧罗网返遭迟，富贵日辰丁见疾。

魁度天门龙化蛇，贵临鬼户蛇成龙；吉课殊情分仕庶，大格异用别贤庸。

天乙卯酉蹉跎格(蹉跎微服格)，朱雀值鬼防黜落；六处生旺远大推，凡占墓绝亏官爵。

武视太常文视龙，二神切记怕逢空；龙常克下朝班列，丁克龙常灾废从。

帝旺临官日辰上，城(天成)吏(天吏)龙常仕途畅；迁期干年支月推，内外日用生克量(龙常在比日克日、迁在内、日生龙常、迁在外)。

求　财

财明休旺生官忌，彼我干支害合论；旺禄受脱名偿债，干财传助号还魂。

顺克非凶递生吉，妻防生计兄争力(比肩太旺)，本助初财暗助多，支干相加彼我益。

艰难(谓初中空陷也、要末传见财德长生)避难(谓财坐空绝克脱处也、如是便看日干下坐财,此谓避难财坐身下也)详坐末，塞户度门验发端；贵坐生合求财吉，财逢空墓最为难。

交车十法损益配(三吉、七凶)，喜遇生合愁破败；财乘丁马忌庚辛，壬癸见丁看事类。

鬼财阴出须急求，绝财了结入墓忧；玄武防失内争畏，龙生值喜徐徐收。

奇仪周遍枯木荣，闭口昴星皆不成；龙罗任信空费力，成期须将末合详。

买　卖

交车生合动无迷，末助三般递生奇；互相生旺悉罗网，死墓如逢怕关妻(财墓併关)。

进步艰难喜末吉（谓初中空末不空，要见财德长生)，病符遇生旧更新；生涯逐意两贵拱，禄神乘旺静无逸。

登天度门分善恶，内战外战察重轻；生气青龙财叠叠，常乘财印喜盈盈。

龙背兴舟独足利，虎头觅利九丑忌；闭口源消自不佳，天心周遍财如意。

传进当行间退止，有防生计为财多；损耗资财因劫众，财多空绝必蹉跎。

占讼

占讼日辰分主客(日为客辰为主,先动为客,后应主)，课传官鬼断轮赢(日上有鬼不利客，支上有鬼不利主、发用克日客输，克支主输，如干支上神受克，及干支上下交互相克亦然)，勾陈带木虎壬并(谓白虎帝旬遁,或元遁中之壬也)，庭讯须知犯有刑。

子孙制鬼患有救，父母化官祸无伤；害合区分窥解结(逢合事解,逢害事结)，仍观旺败定灾祥(逢旺者祥,逢败者灾)。空亡喜惧推亨患，墓库欣憎分结散；传互克干有众欺，甲神内战窝相犯。

末助三般仔细论(忌末生初鬼)，将传间逆难祸伸；贵罡杜户知殃退，虎鬼乘骐(即马载虎鬼)，识祸频。朱勾克日莫兴词，妄举轻为自投死；二将若也生日干，勘官昭雪人欣喜。

虎头蛇尾(初虎末蛇)祸不凶，雀人勾乡(午加辰也)讼为最(事情重大)；若犯岁君坐死推(朱雀克太岁也)，螣蛇夹墓小翻大。

丁动刃逢（即禄前羊刃煞也)遭缧绁，龙阳生遇祸消时（青龙太阳生气也)；五行决罪（木主笞杖，火主流血，金主针刃，土主徒禁，水主流罚)明天将，二赦(即四季天赦及皇恩)解凶分地支。

兔犬(卯手戌足)相加防吊拷，鸡蛇(酉巳相加为配)发用定成徒；循环周遍日缠绁，根断源消终罄无。

勾陈白虎同克日，犯上之人遭刑戮；太岁贵人作恩星(谓生日也)，罪虽至重还轻逐。

格凶定当以凶断，课吉还须作吉推；鬼贼绝处讼了结（要在官鬼绝处上字定绝期)，末传冲处定散期(要在末传冲处上字定散期)。

隐　遁

天罗地网欲何之，塞鬼登天可遁驰；传将见凶干上吉，逃生无困不须疑。

干上子孙传鬼贼，患门有救便无伤；丁马最喜加年命，虎鬼临身祸急防。

有墓昏迷忌两蛇，无遥混沌防虎蛇（即昴星是蛇虎）；长生月德避之佳，天目直符逃者苦。

暗鬼克日灾患侵，明犬当门祸自深(戌加亥上)；斩关游子天涯去，内战天心途路禁。

远近发用凭休旺(休囚远，旺相近)，传将最嫌逢墓空；天地两仪须细玩，避凶趋吉用无穷。

逃　亡

追寻逃士详日德，捕捉逃奴看支刑；德克刑神必易获，刑克日德定难寻。

父子夫妻属六亲，还将逐类细详因；酉婢戌奴观异姓，空阴两魁落处真。

盗窃奸淫论贼邪，伏吟主近无依遐；里数多寡测魁坐（看戌临何宫以上下数乘之)，推格善恶定凶嘉。

贼　盗

占贼行藏须视鬼，玄神生克看加临；卜藏失得凭财断，子孙休旺定追寻。

玄武来主看所贮，地支临处知贼去(谓玄武所临地盘游于何方也)；穿窗越牖是悬绳神煞，凿壁逾墙因马御(玄乘驿马)。

玄居夜地越关梁，武在昼方(申)身莫藏；丁马交加遁必远，太阳照耀捉还乡。

旬首乘玄度四获，河魁度亥隔难捕；游都之下访贼人，公胜盗时官克武。

宅逢盗神家人窃，鬼乘生气去来频；子孙出现为赶贼，鬼遇刑冲自败擒。

发用为偷即贼身，中传为赃末捕人；一数至阴详数目，五行生处物藏真。

岁月克玄弥年月，日时伤彼期日时；首尾相加人不说，财多空陷赃难追。

六处无武难妄拟，贵顺玄藏自失忧；若见螣蛇乡邑寇，年乘玄武室人偷。

循环周遍去復来，罗网破财失资财；鬼脱乘玄遭盗窃，伏支前后返冲排(伏吟贵顺支前一位捕，贵逆支后一位寻，返吟贼在玄武对冲处也)。

贵人顺治终玄捉(玄武末传)，天乙逆行初武寻(玄武初传)；初将比和贼安处，玄神内占分赃争。

岁勾朱虎应自首 (如玄阴见太岁勾雀虎、主自首官)，龙合阴丁助有神；玄武三传日辰上，贼人还归莫告陈。三传玄武贼居处，初中有克末神寻；行年上神伤武盗，发使追求早见擒。

盗神末虎勾蛇合，不死遭官被吏缠；更将玄武三传算，上克下贼即败旋。

天乙顺行贼游走，逆行方识贼藏瞒；里数但知玄武上，上下相乘数若干。

天贼亡神天目星(如捕大贼须视此二神)，贼居其下莫教惊；亡神旬内甲居乙，天目春辰顺季行。

田　蚕

金宜二麦不宜他，水本稻粱须种禾；火防亢旱宜黍豆，土生万物自温和。

早中晚田三传别，旺相空亡刑害详；胜光蚕命忌见子，太乙加午忧自殭。

戌黄亥死丑则危，寅茧卯絮申为丝；辰薄相生本是吉，妇命伤干凶随之。

六　畜

楚鱼(巳)周鹿(午)伏星稽，宋兔(卯)秦鹰(未)暗曜栖；捕捉狼(戌)熊(亥)分鲁卫，猎畋狐(卯)雉(酉)看东西。

戌为犬兮寅属猫，鸡是酉兮马在午；丑牛未羊喜逢龙，卯骡亥猪怕见虎；旺相为吉绝墓凶，六畜繁生可日睹。

卷四　六壬占验

天　时

例一：戊寅三月己巳日乙丑时，天气亢旱，莱阳台中迟父师，因思宗祈雨，占何日有雨？

遥克　玄胎

官寅空
财亥六
子申贵

常　青　空　六
辰　丑　寅　亥
己　辰　巳　寅

寅　卯　辰　巳
丑　　　　　午
子　　　　　未
亥　戌　酉　申

断曰：巳午之日，先有狂风起；出旬甲日小雨，乙日大雨。盖斗罡加未为风伯，发用功曹刑煞克日，故主有狂风。又贵登天门、龙神飞天皆行雨之象，因中末亥申空亡，故言出旬有验。甲日小雨者，秉休气空亡也；乙日大雨者，子卯相刑也。

例二：甲申十二月甲申日癸酉时，予住准阴。时凤阳施挥使相召守岁，见天气昏沉，占元旦有雪否？

重审　玄胎　冲破

鬼　申　鬼
父　亥　父
兄　寅　兄

阴　蛇　勾　虎
巳　申　亥　寅
甲　巳　申　亥

申　酉　戌　亥
未　　　　子
午　　　　丑
巳　辰　卯　寅

断曰：不但元旦有雪，今晚亦雪。因斗罡加丑阴象也，况申为水母发用，生中传亥水，又乘螣蛇，乃双雪头弯曲之形，是以断今晚明日有雪。

例三：庚寅五月甲戌日辛未时，途中偶遇一人，因天气亢旱问何日有雨？口报未时。

比用　联茹

财　辰　六
子　巳　勾
子　午　龙

朱　六　阴　后
卯　辰　亥　子
甲　卯　戌　亥

午　未　申　酉
巳　　　　　戌
辰　　　　　亥
卯　寅　丑　子

断曰：明日必雨，六日后连雨。天罡加卯，日居贵前；虽三传火土，亦主大雨；况龙神飞天、贵人居子皆行雨之象；第神后加亥，故知明日必雨；辛巳居中传，壬午临巳位，巳中丙火暗与辛金作合化而为水；又辛壬上见亥子，壬癸加临巳午；果六日后连雨。

例四：丁丑十二月丁酉日癸卯时，江西前刑部兵长垣讳应遴曾先生因雪后天气昏沉，自将禽数断云，明日必雪；予以六壬断。

别责　不备　闭口

子　丑　朱
比　巳　空
比　巳　空

空　勾　常　空
巳　卯　未　巳
丁　巳　酉　未

卯　辰　巳　午
寅　　　　　未
丑　　　　　申
子　亥　戌　酉

断曰：明日无雪，且有日色。太阳发用乘朱雀，乃南方火之精也；且三传四课纯阴，阴极阳生，必有日出；至庚日未时有暴风起。酉为风煞，未为风伯，酉与未会故也；又日禄乘白虎加庚，上下克战，故有此应。

例五：庚寅五月甲寅日丁卯时，因天气亢旱闻鸠鸣，遂占一课看有雨否？

绝嗣　八专

父 子 蛇
子 巳 常
财 戌 六

空 蛇 空 蛇
未 子 未 子
甲 未 寅 未

戌 亥 子 丑
酉　　　 寅
申　　　 卯
未 午 巳 辰

断曰：鸠虽唤雨，此课乃风大雨小之象。盖以神后发用旬空，中传太常风煞旬丁，又风伯临干支会寅，寅中有箕宿好风，岂不今日有风？夜子时填实旬空，岂不微雨？因休废空亡，故略洒尘。

例六：甲申五月乙丑日庚午时，偶见日有大晕围绕，众皆曰：此祥瑞之气，应于福藩，予袖传一课。

元首 迎阳

鬼 卯 玄
父 巳 白
兄 未 龙

六	蛇	玄	白
酉	亥	卯	巳
己	酉	丑	卯

未	申	酉	戌
午			亥
巳			子
辰	卯	寅	丑

断曰：发用玄武贼符，克干克支，盖干为天位而乘败气，支为社稷而见死神；且岁君临灭没之方，贵人又不得地；中州吴越必失封疆，君国败亡之象。后福藩登位一载而失国，此其应也。

地　理

例如：庚寅五月乙酉日戊寅时，痒友刘二兄占风水吉凶。

涉害　不备　乱首

财 未 龙
父 子 贵
子 巳 虎

六 阴 阴 龙
酉 寅 寅 未
乙 酉 酉 寅

戌 亥 子 丑
酉　　　寅
申　　　卯
未 午 巳 辰

断曰：此风水在西山，无真龙正穴，然不备中，亦有好处；何以论之？玄武为风水，临卯加戌是西北山冈也，未为夹龙，虽空乘进气，螣蛇为穴，加亥落空，喜乘旬丁长生，主穴活泼有情；然美中不全，亦有可取。喜贵人左旋，逆水之局，四课下寅之对冲为对案是申，理合艮山坤向兼丑未分金也。勾陈主明堂，阴阳二将见财官幕贵，朱雀河魁建丙临巳，是对案山出文明富贵，利于中房也；但嫌子爻空战，定艰子息。酉为日之胎神，阴见寅木生巳火子爻，辰年十一月酉日主婢妾有妊，连生两儿，因巳为双义故也。但玄武建辛，主坟边小路克比肩与兄弟宫有碍，况龙虎空战，长季房分人财不旺。后阴为水口，螣蛇作罗城，喜其所关包固。但初中两传财贵逢空，一二代虚利虚名。末传子爻为支之长生学堂，阴神河魁乃文明之宿，三代中房长房子孙，必出青衿科甲之贵，文兼武权之职。存此一案，以俟后学依而断之。

婚　姻

例如：己丑五月癸酉日辛酉时，相知友人李庚自占，续弦婚姻成否？

蒿矢　退茹

鬼未阴
财午后
财巳贵

龙　空　玄　阴
子　亥　申　未
癸　子　酉　申

辰　巳　午　未
卯　　　　　申
寅　　　　　酉
丑　子　亥　戌

断曰：占婚必成，成后必有讼。盖因干支上下相合，支上神又生干，女愿与男连姻；喜财官旺相，夫妇谐老有子之象也。有讼者何？中末生助初鬼，克害日上龙神，又财乘旬鬼，必主因妻致讼。娶月余，前夫之弟告理，破财百金。庚寅岁果生佳儿。

孕 产

例一：丁丑十月癸丑日辛酉时，大司礼讳化淳曹公奉上，传令灵台牌子，太监陈国用占东宫田妃六甲。

元首 返吟

鬼 未 常
鬼 丑 未
鬼 未 常

常	朱	常	朱
未	丑	未	丑
癸	未	丑	未

亥	子	丑	寅
戌			卯
酉			辰
申	未	午	巳

断曰：此男子之祥也，然生而难育，应在卯年。盖因纯阴返阳，支上神与支相比，故生男必矣。然而卯年不育者；何也？胎神夹克无气，此追魂之魔；卯为东宫子宿，受酉将阴煞冲克，是以知其卯年不吉。未几，田妃生第六子，卯年命殒。

例二：庚辰三月辛卯日丙戌时，予寓埂子街。邻人江右傅姓者，求占六甲。

伏吟 龙战

财 **卯** 蛇
子 **子** 阴
财 **卯** 蛇

常	常	蛇	蛇
戌	**戌**	**卯**	**卯**
辛	**戌**	**卯**	**卯**

巳	**午**	**未**	**申**
辰			**酉**
卯			**戌**
寅	**丑**	**子**	**亥**

断曰：此必双胎，皆男子之象；八月戌日辰时生，母子清吉。何以知为双胎？以月建重叠作胎神，乘旺气故也。何以知两男？卯属震为长男，日上河魁乾宫，所属亦男也。何以知八月生？酉冲卯胎；戌日辰时者，戌为养神，俟辰来冲下上故也。

例三：丁丑年四月乙酉日乙酉时，嘉兴冯尔忠占六甲。

重审 伏吟 斩关

财 辰 勾
鬼 酉 后
兄 卯 青

勾	勾	后	后
辰	辰	酉	酉
乙	辰	酉	酉

巳	午	未	申
辰			酉
卯			戌
寅	丑	子	亥

断曰：产必双胎，一男一女，然男必生而女必死；何也？酉为日之胎鬼死气，偏房婢室之孕不言矣。但末传卯作支之胎神生气，中传酉兑为少阴，末传卯震为长男。其男子生者，胎财生气也；女子死者，作死气日鬼也。

例四：己丑二月辛丑日己亥时，偶有一回子，烦痒友孙石渠占生育，将所占课与予看断吉凶。

重审　退茹　天狱

子 子 阴
子 亥 玄
父 戌 常

虎	空	阴	玄
酉	申	子	亥
辛	酉	丑	子

辰	巳	午	未
卯			申
寅			酉
丑	子	亥	戌

断曰：占产难生，子母皆亡。友人曰：一手先出矣，据课子必难保。予时，先一日晚手出，次早脚出，母子无恙。此课河魁渡亥，子被阴隔；天狱无冲，其子何由而出？日干上虎乘遁鬼，支上子乘游魂；天后象母，受寅贵劫煞制克，是以子母不保。未几，子未出，母已死矣。

例五：甲子四月癸卯日戊午时，予同公明长兄访徽州戴羲宇占课。

蒿矢　不备

鬼未朱
父酉勾
兄亥空

阴	贵	贵	朱
卯	巳	巳	未
癸	卯	卯	巳

未	申	酉	戌
午			亥
巳			子
辰	卯	寅	丑

余问戴曰：知来意否？戴曰：时为日之胎神，必为六甲占也。余曰：然男乎抑女也？曰：干上卯属震，长男之象，又是幕贵，三传四课纯阴，阴极阳生，生贵儿必矣。且支加干仰首见子，生必顺利。但四课不备，未能足月，生于何时？曰：六月生。后果一一如断。余又细看之，子冲胎神，子上见寅，子日寅时生。

考　试

例一：壬午五月丙戌日己丑时，予住淮安都府前。有江阴六壬老友为宿迁陆痒友讳奋翼者占考试。

知一　度厄　不备

鬼子蛇
兄未常
父寅六

蛇	常	空	蛇
子	未	巳	子
丙	子	戌	巳

子	丑	寅	卯
亥			辰
戌			巳
酉	申	未	午

断曰：院试必取科举，省试未能遂志。问曰：史抚台已升凤督，去否？余曰：必不能去。盖因驿马坐墓，干神归支，静象也。又问女病？余曰：胎鬼发用，血忌加支，又四课不备，病主脉息虚弱，心胸不利以致失血，必因胎产所致，冬月不保。又问宿迁今岁安堵否？余曰：贼符加干支，冬月必有兵警；然日之阴阳自是中传制初，来兵败怯而退；干神生支，居守保固无破城之患。后各事皆验。

例二：庚寅七月甲申日丙寅时，但陵景兄占府院试，可入泮否？

重审　玄胎　交车

鬼申龙
父亥朱
兄寅后

常	龙	朱	后
巳	申	亥	寅
甲	巳	申	亥

申	酉	戌	亥
未			子
午			丑
巳	辰	卯	寅

断曰：不但府试高取，院考定然首荐。盖因月建旬首发用，龙朱乘旺相现于初中，末传德禄驿马；又干支交车生合传将进引，斗罡天喜加行年，朱雀乘丁神进气，文字必贴主司之意；且格合天心，主非常喜庆掀天揭地也，是以首荐无疑。又问该就府送考？该就司送考？予曰：六合加于辰未，商籍稳妥；后果首进。

乡　试

例一：癸酉七月辛卯日庚寅时，扬州明经宗开元先生偕张向之来，占科场事，报寅时。

涉害　曲道

父未蛇
子亥龙
财卯玄

常	贵	蛇	龙
寅	午	未	亥
辛	寅	卯	未

酉	戌	亥	子
申			丑
未			寅
午	巳	辰	卯

余曰：即今中矣。曰：何以报一时即知其中？盖因先锋为幕贵且临日上，月将官贵又加寅命，是以必中无疑。然发用未作旬空，必俟未年太岁填实，方中甲榜。

例二：戊子八月丙辰日，余住金陵。时石方伯东省孙兴功老师写本日辰时，又写酉时占两入乡试。

伏吟　玄胎　斩关

比 巳 勾
财 申 玄
父 寅 六

勾	勾	青	青
巳	巳	辰	辰
丙	巳	辰	辰

巳	午	未	申
辰			酉
卯			戌
寅	丑	子	亥

断曰：辰时者前列，酉时者次之。盖缘天罡为领袖之神，从魁幕贵在后，故云。及排辰时课，三传巳申寅，干乘德禄，支见月将青龙，又禄马入传；凡士子已试后，得伏吟必中。酉时三传子未寅也，初传太岁空战，幕贵又入墓库，故次之。放榜时，辰时者陆可球中二十二名，酉时者常熟赵姓中副卷；此二者俱以时断中也。

例三：丁卯八月乙巳日甲申时，浙金华何伴鹤来扬相访。余老母占他兄弟乡场中否。

蒿矢　从革

鬼 酉 玄
子 巳 龙
财 丑 蛇

贵 常 勾 玄
子 申 丑 酉
乙 子 巳 丑

丑	寅	卯	辰
子			巳
亥			午
戌	酉	申	未

断曰：昆弟皆中，午命在前，亥命在后。盖因蒿矢见金，如箭有簇，自四发用，箭数合式；朱雀翱翔，文事武备皆得之矣。且贵临贵位，必得两贵周旋推荐而中。放榜后，果前后一一不爽。问曰：何以知前后？因三传逆合，又午命甲寅，亥年丁未，故知之。

会 试

例一：丁丑正月己巳日己巳时，滕县讳盛美张公祖有八门生会试时，六壬诸友所断之课，持出与余再断。

无 禄

子 酉 六
比 辰 常
财 亥 蛇

阴 六 贵 青
寅 酉 子 未
己 寅 巳 子

子 丑 寅 卯
亥 　 　 辰
戌 　 　 巳
酉 申 未 午

断曰：惟戊戌者必中，余皆不然。众友与余争云：属牛、属虎者中。余云：放榜时自验。张公曰：公之断即与众不同，此乃吾本房首卷，亦望其中，然昨阅其文，恐未必然。余曰：初末暗拱戌命，月将申贵临年，是以中甲无疑；朱雀又生幕贵，其文甚贴试官之意。及放榜果中，始知为常熟蒋畹仙也。

例二：甲戌二月戊辰日丙辰时，长兴前刑垣礼部讳继廉王公祖，令小僮持字来占。

返吟　玄胎

父巳常
财亥朱
父巳常

朱　常　六　玄
亥　巳　戌　辰
戊　亥　辰　戌

亥　子　丑　寅
戌　　　　　卯
酉　　　　　辰
申　未　午　巳

断曰：素所占者，皆不许中，惟此君必中高魁。曰：何也？盖因戊日返吟是德入天门发用，又丑未两贵相加，斗鬼合为魁字，是以必中高魁，不须疑虑冲克生空，必荷圣恩之象。及放榜后，王公祖三公子偕来相顾，乃长兴周仲琏先生也。

例三：癸未二月乙丑日己卯时，何九叙为泰州孝廉宫子玄占会试。

从革 周遍

子 巳 青
财 丑 蛇
鬼 酉 玄

贵	常	玄	青
子	申	酉	巳
乙	子	丑	酉

丑	寅	卯	辰
子			巳
亥			午
戌	酉	申	未

断曰：此课占会试，必中无疑。缘传将递生，格合周遍，且干支交车生合，文思滔滔，题目合举子之意；又喜朱雀遁丙乘旺，主文章华藻，正合时宜，主试官推荐高中，当寄声卓翁。

例四：丁丑二月癸未日戌午时，同乡孝廉孙大宜先生口报午时，占会试中否？予袖传一课。

涉害　从革

印　酉　勾
官　丑　常
财　巳　贵

贵　勾　空　阴
巳　酉　亥　卯
癸　巳　未　亥

酉　戌　亥　子
申　　　　　丑
未　　　　　寅
午　巳　辰　卯

断曰：贵德财马临身，且居太岁位，必应今年甲榜；况年上月将青龙，主片言入相，又旬首河魁为官乃文明之宿；二者会于行年，定是今年甲榜。后果然。

例五：戊辰八月甲戌日乙亥时，占长兄公明进京会试。

重审　斩关　炎上

兄 亥 常
财 午 合
兄 子 玄

常	常	合	合
亥	亥	午	午
壬	亥	午	午

巳	午	未	申
辰			酉
卯			戌
寅	丑	子	亥

断曰：吾兄必联捷而去。盖因河魁临干发用，贵居命年上下，又太阴临卯、传将递生、格合盘珠；喜朱雀遁乙奇乘长生旺气，文字甚贴试官之意；传送加子箭中中垛，是以中甲无疑。放榜时果中三十九名，后官至大元戎，晋官衔封治安伯。

例六：丁丑二月乙未日丙戌时，安庆保举明经阮实夫代刘若宜先生占会试。

蒿矢　莲茹

鬼 酉 后
财 戌 阴
父 亥 玄

六　朱　常　后
巳　午　申　酉
乙　巳　未　申

午　未　申　酉
巳　　　　　戌
辰　　　　　亥
卯　寅　丑　子

断曰：为人代占，今年必中。盖发用日鬼皇恩，中传天魁天喜，末见长生太阳，最利试场之象；支见幕贵官星，又朱雀生太岁，文字华藻合时；课名革故从新，更乡科而中甲榜，必无疑矣。但嫌干支上乘互绝，居官未能远人。后补刑部主政，恬退不仕。又为代占会试，会中两名亦此课。予曾占病，亦死二人。

例七：丁丑二月乙未日辛巳时，太仓吴孝廉讳克孝者，偶至安庆阮实夫寓中相晤占会试。

返吟 斩关 稼穑

财 **戌** 朱
财 **辰** 常
财 **戌** 朱

朱 常 后 龙
戌 辰 丑 未
乙 戌 未 丑

亥	**子**	**丑**	**寅**
戌			**卯**
酉			**辰**
申	**未**	**午**	**巳**

断曰：三传年命魁罡俱空，如何敢言甲榜？但丑未年丑未日，丑未合而为魁，又是必中之象；但中后居官未能满任，即有丁艰之事。盖传课纯财则印爻被克矣。吾乡阎和阳先生辛未会试，乙丑日占得返吟而中，亦此课也。

仕　宦

例一：辛未三月甲申日辛未时，莱阳迟芝吉安王旋官两父师代占升迁。

重审　玄胎

鬼申龙
父亥朱
兄寅后

常	龙	朱	后
巳	申	亥	寅
甲	巳	申	亥

申	酉	戌	亥
未			子
午			丑
巳	辰	卯	寅

断曰：此课大吉，推亣官爵必的；何以言之？课中龙常并见，城吏全逢，初传青龙内战，必有奇遇超迁；中传朱雀生日，中有公卿交誉，末传驿马德禄俱入天门，居官定然显赫。且寅为天吏，天后为恩泽，非天官而何？后屡旨另推七次，终点闽总宪为冢宰。然式中贵履地网，龙神下贼，主自欲退位。次年夏，果请告归里。

例二：丁丑七月戊辰日丁巳时，淮阴蔡熙阳任北京府时，占楚省杨大司马何日罢官。

联茹 别责

鬼 寅 蛇
印 午 龙
印 午 龙

龙 空 勾 龙
午 未 巳 午
戊 午 辰 巳

午 未 申 酉
巳 戌
辰 亥
卯 寅 丑 子

断曰：司马寻入相出将矣，而以去任卜之，可乎？盖因发用驿马螣蛇，中末月将青龙生日辰年命；又蛇化为龙，太岁作贵居命，皆入相之征也。天罡加卯，静有动机，况课传天吏二马全逢，干支上乘羊刃勾陈，出入将相无疑。戊寅六月思宗召对称旨，果入相，己卯岁督师剿贼，果出将。

例三：戊辰十二月庚寅日庚辰时，徽州汪仙民、邵无奇在京占少宗伯马康庄能拜相否？

涉害 顾祖

鬼 午 龙
印 辰 六
财 寅 蛇

龙 六 后 玄
午 辰 子 戌
庚 午 寅 子

卯 辰 巳 午
寅 　 　 未
丑 　 　 申
子 亥 戌 酉

断曰：马宗伯不但不能大拜，且不日还乡矣；何也？凡在朝官占得顾祖，又初中空亡多不满任；龙化为蛇急宜猛省退步，且龙神克下，倘欲强进定遭不足。后果枚卜不就，次年察处回里，未久弃人间事，从赤松子游矣。

例四：丁卯十一月甲子日己巳时，云间杨方壶太史自燕京抵扬索占。

元首 高盖 三交

子 午 龙
比 卯 朱
父 午 后

阴	白	常	龙
亥	申	酉	午
甲	亥	子	酉

寅	卯	辰	巳
丑			午
子			未
亥	戌	酉	申

断曰：龙神发用无气，又上克下，是以暂归林下；明春禄马生龙神，定然出山，由此位践公卿。太史曰：星家云十二月欠利；曰：因何不利？答曰：嫌德蛇相加，有邪正同处之非耳。又问何如？曰：传冲太岁，朱雀遥克年上贵人，必为门户是非，太史遂默然。次年春初果起官，历转官詹。

例五：庚午十二月丁未日庚戌时，迟王两父师偕予入觐时，行至东门请占之课。

八专　斩关

官亥阴
子戌后
子戌后

后	常	后	常
戌	丑	戌	丑
丁	戌	未	戌

申	酉	戌	亥
未			子
午			丑
巳	辰	卯	寅

断曰：所占必是显宦；何以知之？盖发用官贵日德，而式中贵人又居岁禄旺位，断非寻常之官。曰：此公将来若何？答曰：不能久任；何也？干支乘墓，禄马空陷，又太阳入山，岂能久居庙堂乎？次年三月，因言请归，后知为大冢宰王射斗先生也。

例六：丁丑四月丙申日丁酉时，安庆阮实夫在京索占，不言所事。

伏吟 玄胎

兄 巳 勾
才 申 蛇
父 寅 虎

勾	勾	蛇	蛇
巳	巳	申	申
丙	巳	申	申

巳	午	未	申
辰			酉
卯			戌
寅	丑	子	亥

断曰：仕途得此，主有台省参劾，秋解任去，然系何命？曰：癸酉。余曰：此公必居相位，但不久留矣；何以知之？太阳日贵临命，非宰相而何？独嫌三传递克，伏吟丁马，定有参劾行动之事；况太阳西坠，挥戈返景能几人乎？后知为乌程温首揆占，后果被论，秋间准驰驿而归。

例七：丙子二月辛巳日辛卯时，湖州陆金吾占总镇陈东明奉旨出师江东。

元首　炎上

比子贵
财寅勾
印戌常

贵　勾　青　玄
午　寅　丑　酉
辛　午　巳　丑

丑	寅	卯	辰
子			巳
亥			午
戌	酉	申	未

断曰：春得炎上进气，又合元首三奇，高爵宰官，不复言矣。但干败支墓，且乘火鬼天魁合中犯煞，透易旅之九三：旅焚其次，丧其僮仆，贞厉；不惟兴师无济，且有他虞；即官至卯年亦不见利。由卯上乘白虎驿马名为回马，虽是剥官之神；幸结木局生起初传官星，故仅撤回剿贼。庚辰太岁受克，子水司令制伤火局，退位俱验。

例八：丁丑八月己未日戊辰时，经筵讲官安庆阮眉平太史云：先日吴门申相公以八年讲官拜相，吾今亦八年，枚卜若何？

八 专

比 未 虎
子 申 常
子 申 常

常 玄 常 玄
申 酉 申 酉
己 申 未 申

午 未 申 酉
巳 戌
辰 亥
卯 寅 丑 子

断曰：太史虽有公卿推荐，恐不能也；曰：何以见之？盖因日比，虎又自他处发用，突有秦人任风宪兵刑之职者，不由词馆入阁。且中末干支年命俱见罗网，是秦晋染益之人在中阻隔；又夜贵居本命，太史必赋归来矣。后果点秦中薛国观先生、蜀中刘宗伯入阁。

例九：辛未四月己未日戊辰时，东省兵长垣仇庸德先生占。

八专　曲直

财 亥 蛇
鬼 卯 玄
兄 未 龙

蛇	玄	蛇	玄
亥	卯	亥	卯
己	亥	未	亥

酉	戌	亥	子
申			丑
未			寅
午	巳	辰	卯

断曰：此课占功名将来远大，非常格也。何以论之？传将木局官星峥嵘，喜本命驿马恩星以化之，为逢凶化吉遇难呈祥之象；且木逢初夏正在荣旺之际，又蛇化为龙将来事业日新，功名显赫不待言矣！后历任通州按察、云南大司农大司马，清苦归里。

例十：癸酉七月甲寅日壬申时，浙嘉善讳龙正陈先生，在京会试时，占同乡少宗伯韩士升钱太史可能入相否？

元首

财 戌 玄
鬼 申 虎
子 午 龙

后 玄 后 玄
子 戌 子 戌
甲 子 寅 子

卯 辰 巳 午
寅 未
丑 申
子 亥 戌 酉

断曰：发用干支旬空日败，本不许入相，然余终以入相许之；何也？因中传驿马皇诏，末传月将青龙；又岁建乘太常作官星加临年命，经曰：太常入官乡，当朝执政；月将乘青龙，片言入相；非宰执而何？但嫌龙神克岁君，将来必不获意于君上而退位。后如其占。

例十一：癸酉二月甲子日己巳时，丹阳贺中怜先生居大寅台时请占。

返吟 玄胎 见机

兄 寅 后
鬼 申 龙
兄 寅 后

龙 后 虎 蛇
申 寅 午 子
甲 申 子 午

亥 子 丑 寅
戌 卯
酉 辰
申 未 午 巳

断曰：朝官占此，必主去位。贺曰：未去；曰：是何年生？曰：己丑；曰：此必会状之命，但不能久居于朝堂矣。盖见任得夜贵，即为不仕闲官也；况干支乘死绝，又德丧禄绝，四月尚有温旨相留，交秋必驰驿而去。朱雀月将加巳生日，我知其四月温旨相留；课传二马逢冲，我知其交秋驰驿而去。后知为宜兴周首揆占。

例十二：戊子四月丙子日壬辰时，余住金陵时。东省孙兴功老师占左方伯赵福星公祖何日升迁？

知一 返吟

比 午 青
鬼 子 后
比 午 龙

贵	空	龙	后
亥	巳	午	子
丙	亥	子	午

亥	子	丑	寅
戌			卯
酉			辰
申	未	午	巳

断曰：在仕占得此课，不惟官难满任，且有意外之忧。何言之？龙神乘旺气发用，理应升迁；但恶太岁作鬼冲克青龙，惊灾所不免。且财官禄马俱入空绝，意外之虞必应。六月升扬州抚台，余自叹所占不验。未几疽发于背而死，余然后信其数莫能逃也。

例十三：丁丑七月甲戌日己巳时，浣中刘胤平太史占经筵讲官曲沃李括苍太史枚卜果否。

重审　升阶

财 辰 六
子 巳 勾
子 午 龙

未 六 阴 后
卯 辰 亥 子
甲 卯 戌 亥

午 未 申 酉
巳 　 　 戌
辰 　 　 亥
卯 寅 丑 子

断曰：太史将来大拜，目今尚未可得，还有丁艰之事。刘太史曰：括苍无父母，如何丁艰？答曰：仕途逢罗网，主有此应。目下未得入相者，盖嫌初传辰卯相害，中传勾陈脱气，喜末传月将青龙，是以将来大拜。后屡次枚卜，未点入阁。己卯丁庶艰至，癸未冬月始拜相，奉命督师剿贼。

例十四：丁丑八月丙申日癸巳时，浣中刘胤平太史占楚省袁副院鲸友同乡大司寇郑玄岳两先生枚卜果否。

伏吟 玄胎

比 巳 空
财 申 玄
父 寅 六

空	空	玄	玄
巳	巳	申	申
丙	巳	申	申

巳	午	未	申
辰			酉
卯			戌
寅	丑	子	亥

断曰：两公俱不能入相，且主台省弹劾而回；何也？三传递互刑克，全无和洽之气，刚日伏吟见马，归象已兆，此非台省有言而回乎？后两公枚卜不果，袁公当被参去，郑公为钦件下狱拟罪而归。因郑命见地网日墓，是以罹罪尤重。

例十五：甲申十二月辛亥时，余住无为州时。长兄公身占藩镇黄虎山功名。

知一　曲直

父　未　虎
子　亥　六
财　卯　后

贵	常	后	虎
寅	午	卯	未
辛	寅	亥	卯

酉	戌	亥	子
申			丑
未			寅
午	巳	辰	卯

断曰：据此课象，藩台不得善后矣。何以明其然也？课中干乘绝气，支见死神，两贵空亡，禄神受制，功名安得久长？且官星空矣，谁与居位？营垒空矣，谁与御侮？财星空矣，谁与生官？况太阳西坠，桑榆之返照无多；冬木逢空，腐朽之折伤必应；岁在大梁，余言必验。曰：以何故不利？曰：明岁行年酉为自刑，破坏木局矣。次年五月，御敌自刎。

例十六：辛未四月丁酉日癸卯时，同乡彭城卫经历刘一纯占梁大司马今推冢宰可允否?

重审 斩关

鬼 亥 贵
比 午 虎
子 丑 常

六 阴 龙 贵
寅 酉 辰 亥
丁 寅 酉 辰

子 丑 寅 卯
亥 辰
戌 巳
酉 申 未 午

断曰：不惟不迁，寻常退位；何也？日马坐墓库，禄马临绝地，传将又逆行故耳；况命上官贵履天罗，年上螣蛇作日鬼，交夏月应有一番风波，幸官鬼俱空，官禄退位却无大咎。后以浙省大行水公参劾，请告而退。东省万公名应斗者，在辰时壬申日占此，亦逮问拟罪而回。

例十七：壬午九月丁亥日丁未时，余住埂子街。一僧人偕十余人相顾，丙午命人索占。

元首 玄胎

比 巳 空
父 寅 六
鬼 亥 贵

龙 朱 玄 空
辰 丑 申 巳
丁 辰 亥 申

寅 卯 辰 巳
丑 　 　 午
子 　 　 未
亥 戌 酉 申

断曰：来意必为功名，公乃未年甲榜；曰：然。盖因贵德官星临年，月将青龙居干，且羊角相加，故应未年高第。曰：该作京官作外官？曰：岁居干后，日生青龙，理宜先京职而后外任；嫌身禄不得地，此去身不安而禄不养；况岁君临嗔怒之所，此番当为国家起见耳。后知吴门钱大鹤先生也，李贼破京遂归。

例十八：戊寅三月丙寅日辛卯时，东省沂州讳昌时王大行来燕京寓中索占。

知一　涉害

鬼　午　蛇
子　未　常
父　寅　六

蛇	常	阴	青
子	未	酉	辰
丙	子	寅	酉

子	丑	寅	卯
亥			辰
戊			巳
酉	申	未	午

断曰：在朝官占得此课，主有台省参劾。盖因官贵履天罗之地，禄马入空墓之乡；且身宅坐墓，必自甘受人欺，终难解脱，又传将逆行，仕途得此，理应请告而退；否则必挂弹章矣。后知为田大冢宰而占，果如其言，伊子仍被逮下狱。

例十九：壬午十二月甲午日辛未时，江西南大司马熊潭石先生，因河北声息紧急，聘余上金陵随占一课。

知一　铸印

父 子 蛇
子 巳 常
财 戌 六

空　螣　朱　玄
未　子　亥　辰
甲　未　午　亥

戌　亥　子　丑
酉　　　　　寅
申　　　　　卯
未　午　巳　辰

断曰：熊司马功名非久远之象，来年秋初，必解任去。盖初传岁破内战，命上龙马克下，必因宰执招非上台不足，燕京有奏自欲请退；且斗系日本，墓贵临干为仰丘俯仇，干墓支绝，种种不佳，惟喜奇仪天赦发用，朱雀皇诏作恩，定然好旨归里。悉如所占。

例二十：戊寅二月辛丑日癸巳时，东省刘太史讳正宗者相召，座间索占，余袖传课以答之。

重审 周遍

财 卯 玄
比 申 朱
父 丑 虎

玄	朱	贵	龙
卯	申	午	亥
辛	卯	丑	午

戊	亥	子	丑
酉			寅
申			卯
未	午	巳	辰

断曰：太史所占是一外官，曾经降罚者。曰：何以知之？因日生青龙，又上克下故也。曰：家兄任太平知府为钱粮降罚，看有碍升迁否？余曰：支首干尾，格合周遍，何碍升迁？曰：在何时？余曰：青龙离支六位，初传月建催官，中传天马传送为驿邮为兵马为直符，七月内必然升吴分兵宪。后果升嘉湖驿传兵宪。

例二十一：癸酉八月壬戌日戊申时，丹阳贺中怜先生居大寅 台时，占升迁吉凶若何。

元首　玄胎

财 巳 贵
子 寅 六
比 亥 空

玄　贵　阴　螣
申　巳　未　辰
壬　申　戌　未

寅　卯　辰　巳
丑　　　　　午
子　　　　　未
亥　戌　酉　申

断曰：目今必然荣转，日后因他人之事请告。盖因传将递互相生，城吏二马出现，定有公卿推荐；但嫌鬼临三四，必主他非退位。曰：应于何年？曰：丁丑行年，蛇墓克日，必自惊忧而退。月内升天津巡抚，后以标官劫皇销事发，请告回里。

例二十二：戊子六月乙未日时，山右司化南在淮阴占得此课。己丑正月写出，求断是何官所占。

重审　曲直

父 亥 蛇
兄 卯 玄
财 未 青

勾	贵	蛇	玄
申	子	亥	卯
乙	申	未	亥

酉	戌	亥	子
申			丑
未			寅
午	巳	辰	卯

断曰：此是林木舟车官也，非科甲中人却做科甲之官，将来功名远大。何以论之？夏占木局，枝叶正见茂盛，蛇化为龙，定然居官荣耀，因幕贵坐空，是以不由科甲也。卯为林木舟车，见于中传，故知为舟车之官；曰：果何官？曰：印爻发用、末传皇恩，必是恩荫之官；曰：可能升兵宪否？曰：正官在日，偏印居支，先升知府后转司道；曰：此清江刘工部所占也。后果升镇江太守。

例二十三：丁卯正月丁巳日癸卯时，京营参将涂松亭先生为彭南淇占升迁。

蒿矢　玄胎

鬼 亥 贵

财 申 玄

兄 巳 空

青	常	六	贵
辰	丑	寅	亥
丁	辰	巳	寅

寅	卯	辰	巳
丑			午
子			未
亥	戌	酉	申

断曰：太岁月建生日，目今必然迁擢，多是山环水绕之地。盖支为任所，寅艮为山，与亥水相合，故应此地。发用蒿矢见金，即箭之有簇，又贵德驿马入传，财官城吏全逢，催官迅速之兆；但忌日之阴神制官，须防陈王田姓人作祟。癸亥日，随授南京巡捕营都司，未几，田大司马以添注参将罢之。

例二十四：庚辰正月丁丑日癸卯时，同乡潘云从占安庆抚台郑潜庵公祖升迁。

元首 从革

比 巳 空
子 丑 朱
财 酉 阴

勾 贵 阴 空
卯 亥 酉 巳
丁 卯 丑 酉

丑 寅 卯 辰
子 　 　 巳
亥 　 　 午
戌 酉 申 未

断曰：不惟难以迁转，且当请退。盖传将递生空亡，太岁龙神落陷，干支互乘死气，诸事只宜休息。况春得金局名四时返本，定然官难满任；一交巳年，即宜请告。巳年果被安庆缙绅参劾而回，又被徐抚台接参，奉旨逮问，李贼破燕方归。

例二十五：庚寅二月癸卯日壬子时，偶会徽友程孝延程翔云，因引部孙杨二公京师议论未定，占看来否？

重审　乱首　回环

鬼丑朱
兄亥勾
父酉空

勾　空　朱　勾
亥　酉　丑　亥
癸　亥　卯　丑

卯　辰　巳　午
寅　　　　　未
丑　　　　　申
子　亥　戌　酉

断曰：引部四月，必来赴任，但居官不久耳。以两贵旺相且虚，巳贵以合三传之局，故知其四月赴任也。但嫌太岁克战，三贵空陷，虚喜而已。况传将退入极阴，格合回环，必主来而复去，故知其居官不久也。又干神临支，被支所克，纵来亦失意之象。果五月奉旨撤回，六月驿马加未，行矣。

例二十六：辛未四月己未日戊辰时，东省吏科宋太斗先生在仇兵科宅中占功名。

八专 绝嗣 铸印

父 巳 虎
兄 戌 朱
鬼 卯 玄

贵	虎	贵	白
子	巳	子	巳
己	子	未	子

戌	亥	子	丑
酉			寅
申			卯
未	午	巳	辰

断曰：月内定转长垣，居官难以久任。盖因月建虎马发用，其力更见雄矣；又铸印乘轩，定应迁转，但嫌贵临空害，故难久任耳。果随转吏长垣，后因提武场事降大行。

例二十七：辛巳十月己未日癸酉时，东省莘县工部孙兴功父师仕扬刻文时占功名。

八专 铸印 绝嗣

父 巳 虎
兄 戌 朱
鬼 卯 阴

贵	虎	贵	虎
子	巳	子	巳
巳	子	未	子

戌	亥	子	丑
酉			寅
申			卯
未	午	巳	辰

断曰：仲冬月令，必有起官之征。曰：何以见之？干上贵人虽空，幸乘进气，交仲冬子水司令，填实旬空矣。且喜虎马丁神发用作岁君生日，又四墓覆生已废复兴之象，起官何疑乎？后果然。凡有官君子得此，定主迁官转职，面君奏事。次年冬，推补兵部车驾司。

例二十八：戊子七月丙寅日已亥时，杨州兵监道胡公祖相招未去，随令乔中军来指一“晚”字，算十二笔用亥时。

涉害

鬼子六
子未阴
父寅龙

六 阴 贵 白
子 未 酉 辰
丙 子 寅 酉

子 丑 寅 卯
亥 　 　 辰
戊 　 　 巳
酉 申 未 午

断曰：日得夜时，见官贵旬空，返为不祥之占。曰：何也？盖因太岁发用克日，传将递互相克，提防台谏封章；且龙神克下，主君上台谏不喜。况干支俱伤，日禄空墓，秋末冬初，定有他忧。后请告未久，随被北台参劾勘问。

例二十九：戊寅二月丙午日戊戌时，淮阴蔡熙阳任汉中府时，占推吴淞总戎可得否？

涉害　斩关

子 辰 白
财 酉 朱
父 寅 玄

蛇	常	贵	白
戌	卯	亥	辰
丙	戌	午	亥

戌	亥	子	丑
酉			寅
申			卯
未	午	巳	辰

断曰：先推吾兄，后推翁也。曰：何以见之？盖因亥贵作官星临支，乃吾兄之命，辰乃翁之命，入辰阴发用，是以先推亥命者；且辰自亥发传，与陈姓同音，故知如此。果未及旬日，推吾兄吴淞总镇，两月后推蔡翁狼山提督。

例三十：丁丑六月己未日甲戌时，浣中刘胤平太史占会推浣抚成否？日后结局若何？

曲直 八专

鬼 卯 六
财 亥 后
比 未 虎

六	后	六	后
卯	亥	卯	亥
己	卯	未	卯

丑	寅	卯	辰
子			巳
亥			午
戌	酉	申	未

断曰：目今会推必遂，但结局不佳耳。何也？用合干支传成官局，推升必矣。但干支死伤丧吊全逢，又贵履天罗，斗系日本，且行年酉金冲破官局，大有不如意事。若出兵击贼，必有被围失利之应。其后流贼犯界，统副将程龙、潘可大御之，全军覆没。己卯岁抚军，丁艰而归。

例三十一：辛卯三月癸酉日乙卯时，偶有扬州府粮厅周公祖相召占课。

涉害 斫轮

子 卯 朱
官 戌 虎
财 巳 贵

玄 朱 蛇 空
申 卯 辰 亥
癸 申 酉 辰

子 丑 寅 卯
亥 辰
戌 巳
酉 申 未 午

断曰：太岁乘朱雀发用，主有文书动事干朝廷，嫌中末财官空陷，功名必有始无终。第支上月建蛇墓克日，主上台不足，幸初末两贵拱支，中传虎鬼冲螣蛇，以凶制凶，目今虽为少解；然贵人入空墓，龙禄克绝，终非善后之象。且太岁坐克方，玄申临日上，必有喜里成嗔贪污败名之事。后果被总漕吴公祖参罢。

例三十二：癸亥正月己亥日辛未时，余在金陵于圣瑞书房，偶有两客索占。

涉害　曲直　回环

兄 未 青
财 亥 蛇
鬼 卯 玄

蛇	玄	玄	朱
亥	卯	卯	未
己	亥	亥	卯

酉	戌	亥	子
申			丑
未			寅
午	巳	辰	卯

断曰：龙神发用，传课结成官局，来意必占今年功名事，六月即有钦召之应。盖春得进旺之木，过夏则枝叶茂密，将来事业远大。曰：六月之说，何也？缘岁建皇恩发用，中传天诏，是以六月定有佳音。后知来占者即赵忻城昆弟也，果于是月奉诏进京，授京营提督，甲申又升京营戎政。

例三十三：壬午十月辛未日甲午时，相城大中丞方替夫先生奉诏进京，住杨柳巷罗家索占。

无路 无禄

兄 酉 六
印 辰 阴
子 亥 贵

后	空	常	六
巳	子	寅	酉
辛	巳	未	寅

子	丑	寅	卯
亥			辰
戌			巳
酉	申	未	午

断曰：此去必不得意而归，前途且遇大兵侵界。盖游都临支，贼符克干，无禄无路，安能得意乎？曰：病乎？余曰：病符坐空，阴神又制之，何虑乎病？所虑老母病耳。然母年生于甲子，寿合九九之数；因子命行年到申见财，则母被克矣。果至青州，遇兵不能进。及至京，授天津屯田巡抚，李贼破京遂归，母乙酉寿终。

例三十四：庚午十一月己丑日辛未时寅将，余谒山阳父师富平朱西昆，占入觐考选何官？

重审　斫轮

官 卯 玄
兄 戌 朱
父 巳 虎

阴	六	勾	玄
寅	酉	申	卯
己	寅	丑	申

子	戌	亥	卯
亥			辰
戌			巳
酉	申	未	午

断曰：考选不得铨部词林，定是风宪言官，且有贵子由科甲入翰院。盖因日上天吏官德空墓，阴神又制之，必有明暗相攻，不得铨部也。发用卯乘玄武为官，中传朱雀，末见白虎，是以主黄门金琐风宪言官。果后考入垣中，历转山海巡抚都御史。因支上子乘帘幕贵人，又作长生学堂，应子由科甲入内院也。

例三十五：壬午十月己亥日辛未时，徽友程孝延东省沂州明经，任奉中州首王米山先生至埂子街访顾。

涉害　曲直　回环

兄未虎
鬼卯六
财亥合

六	后	虎	六
卯	亥	未	卯
己	卯	亥	未

丑	寅	卯	辰
子			巳
亥			午
戌	酉	申	未

王米山携子某来谒陈东明求官，过小斋访道。余曰：先生少间，顷刻有三客至，内必杨姓者，果如言。余曰：干神归支，传将逆行，郎君理应回东省取功名；且贵地不日兵动，且有攻城破邑之事，眷属宜迁他处避之。曰：祝老母九十寿，方可迁；曰：尊堂寿止八十有九，因乙发用与地盘巳字合断，为八九之数也，此皆日后事，目今须防失脱。米山接住弯子街旧同寅陈宅，书房果被盗。复来，余曰：玄武脱气居丑命，所盗者郎君物耳。曰：然还防贼复来。果三日又来，将父子衣物尽盗去。曰：何以明其然也？余曰：课传转环，故知其去之复来。米山问曰：山东兵动者何？盖因三传纯官鬼，又鲁都虎鬼克支，贼符将星克干，是以知贵省中外兵动，攻城破邑也。果冬月一一如占，米山迁居淮安新安镇，其母未度九十而卒。

例三十六：甲申二月乙丑日亥将申时，如皋铨部季大生先生，持丹阳孙友所占进京课，与余看。

重审 不备 稼穑

财 未 龙
财 戌 朱
财 丑 后

龙	朱	常	龙
未	戌	辰	未
乙	未	丑	辰

申	酉	戌	亥
未			子
午			丑
巳	辰	卯	寅

断曰：必不能北行，即行，亦必半途而旋。盖因干支乘墓，所为不通；况传课年命未见二马，干神归支，利静而不利动；又中末二传空亡，主半道言旋。青龙居干发用，今年却要起官，必补尚宝之职。因年上酉乃印也，阴神见贵生日，岂非司明乎？弘光时果官尚宝。

例三十七：癸酉六月戊寅日己未时，余往昌平会陈东明坐总镇府时，寇道台拜东明言及六壬，寇公索占。

伏吟 玄胎

蛇 巳 勾
申 申 虎
鬼 寅 蛇

勾	勾	蛇	蛇
巳	巳	寅	寅
戊	巳	寅	寅

巳	午	未	申
辰			酉
卯			戌
寅	丑	子	亥

断曰：仕途占得此课，当防台谏封章所劾，必解任而去，左右骇然。寇公随进后衙相晤曰：旧事乎？未来事乎？曰：岁君在日后，斗罡居支前，异日定有劾者。盖因课传互相刑克，且蛇雀官鬼入宅临门，龙神又克岁建，今秋除官必应。后果被侯大司农参劾解任。庚寅冬，或占总漕吴公祖亦得此课，辛卯春，被台省参劾退位。

钦　差

例一：己巳二月乙巳日辛巳时，楚黄洪半石先生占差，出一成课，已为何姓者批定大同饷部。

重审　斩关

兄寅阴
财未龙
父子贵

六	阴	朱	玄
酉	寅	戌	卯
乙	酉	巳	戌

戌	亥	子	丑
酉			寅
申			卯
未	午	巳	辰

断曰：此南行数也。彼以禄临戌土，故云北差；不知守土官则论禄，钦差官只论马。今驿马长生居午，必是南差。曰：明日堂上阄定，看该先拈？该谁后拈？余云：后拈利；盖以初传中传空亡，末见贵人生日故也。次早，关中张主政先拈，得大同差；尚存九江钞关，洪先生得之。

例二：辛卯二月戊子日戊午时，同乡亲友胡尹三兄占，淮扬巡按差可复？吏书缺可照旧否？

重审　铸印

父 巳 常
比 戌 六
官 卯 阴

六 阴 常 六
戌 卯 巳 戌
戊 戌 子 巳
戌 亥 子 丑
酉　　　寅
申　　　卯
未 午 巳 辰

断曰：巡方官必复，吏书缺未能如旧。何也？盖因铸印乘轩主迁官转职，面君奏事。喜日禄临支发用，末传太岁作官，定有差遣，代天子巡狩之官也。且官居奎娄，是风卢有官之兆，又格合回环四墓加生，去而复来已废复兴之象。未几，工科上疏题复。其不复吏书者，以四课不全，故占二得一也。

章　奏

例一：己巳正月己未日庚午时，闽中张少司空讳维枢者索占。

无禄　无路

子 酉 六
兄 辰 常
财 亥 蛇

阴	六	阴	六
寅	酉	寅	酉
己	寅	未	寅

子	丑	寅	卯
亥			辰
戌			巳
酉	申	未	午

断曰：正时胜光，值事天空，此为章奏而占。曰：吉凶若何？余曰：四课克下名为无禄，况贵乘旬空，龙神克下，主在上者不足，轻则降罚，重则削权。又财官禄马俱入墓绝之乡，急流勇退为佳，不则必有意外之虞。曰：上疏旨意若何？余曰：朱雀乘天喜，阴神见丁马，还得好旨归里。后准冠带闲住回家，未久仙游矣。

例二：癸酉七月庚子日丙戌时，云间董兑之为乃祖董玄宰太史辞大宗伯课。

重审 润下

子 子 龙
兄 申 蛇
印 辰 玄

玄 龙 蛇 玄
辰 子 申 辰
庚 辰 子 申

丑 寅 卯 辰
子 巳
亥 午
戌 酉 申 未

断曰：此课不能升迁，请告亦不能退位，却有加衔恩荫之兆，何用辞为？盖因三传全脱，递生空亡，虽有公卿推荐，不过口头虚誉。且日禄归支，印绶逢空，故不得掌象正官。惟喜皇诏德禄居中乘旺，必有加衔恩荫之征。又课传回环进旺之气，岂退位之象？明年春木，龙禄传墓，则当请告。次年春晋官衔，驰驿归里。

例三：丁丑八月壬寅日癸卯时，院中刘退斋太史索占，看此是何如人？

重审　斩关

鬼 辰 后
财 午 蛇
卯 申 六

常	阴	后	蛇
丑	卯	辰	午
壬	丑	寅	辰

未	申	酉	戌
午			亥
巳			子
辰	卯	寅	丑

余玩之良久，断曰：此近君阴贵人也。太岁常官临日，阴见夜贵，太阴又居岁位，此必近君阴贵人也。曰：此公主也，然有何事？可一决之。曰：此必请封荫子之事。盖末传皇诏长生，六合为孩儿，是以知之。曰：倘旨意不允？余曰：传将六阳登天，必事达天庭至尊之前；但嫌初中空亡，必须两次，方许封荫。果如其占。

例四：戊寅三月丙寅日丙申时，余谒兵垣孙鲁由先生，有工垣姚永言先生户垣讳朝荐辜父母在座，鲁山先生请告占。

重审　登天

子 **辰** 白
比 **午** 青
财 **申** 六

勾 朱 虎 青
未 酉 辰 午
丙 未 寅 辰

未 申 酉 戌
午　　　亥
巳　　　子
辰 卯 寅 丑

断曰：请告不允，更主升迁。盖因官登三天，又传将进引，安得退居林下乎？况龙神乘相气，太岁卯行年又生青龙日干，将来功名远大。到后吏部复疏，旨意不允，旋历任宣大制台。

例五：丁丑六月乙未日甲申时，安庆张痒友占九江职方赵光怵先生请缨行边。

昴星

财 **戊** 阴
兄 **卯** 六
子 **午** 空

六 朱 空 青
卯 寅 午 巳
乙 卯 未 午

辰 巳 午 未
卯 　 　 申
寅 　 　 酉
丑 子 亥 戌

断曰：凡阴阳昴星，虽无蛇鬼入传，只宜静守，不利动用。盖因贵居本位，驿马旬空，守旧为上。况河魁渡亥，中传断桥，凡事阻隔难行。且赤鸟犯岁君，上疏必缨上怒。后果谪戍。壬午岁，授蓟辽总督，失机逮间典刑。如占词讼，名达朝廷坐死。

例六：辛未六月癸卯日乙卯时，台中王旋官父师占上疏。

从革　绝嗣

父　酉　勾
鬼　丑　常
财　巳　贵

贵　勾　朱　空
巳　酉　未　亥
癸　巳　卯　未

酉	戌	亥	子
申			丑
未			寅
午	巳	辰	卯

断曰：传将递生，有疏荐人乎？有疏参人耳？余曰：虽三传递生，嫌初末逢空，独存中传岁破为鬼，又朱雀乘太岁克日，太岁君也，岁破相也，恐得罪于君相，于公不利。后果以上章荐人，下狱拟配。

例七：癸酉二月丁丑日丙午时，松江太仆沈云生先生被京营曹大司礼参劾，占回奏吉凶？

重审 铸印

比 巳 空
子 戌 蛇
印 卯 常

后 空 青 贵
子 巳 午 亥
丁 子 丑 子

戌 亥 子 丑
酉 寅
申 卯
未 午 巳 辰

断曰：天空发用，主为章奏而占。曰：何以知之？盖有官君子占得铸印，必面君奏事，迁官转职。曰：看回奏若何？余曰：日禄之荫制禄，罚俸止矣，官何碍乎？交仲秋时，天吏皇诏生日，青龙日禄居丑，必然荣耀吴越斗牛之分。虽嫌四课上下冲害，又喜交车合禄，先虽参差而后和好。及回奏，果罚俸，秋升闽抚有功，寻授两广总督。

例八：丁丑四月丁酉日乙巳时，皖中刘退斋太史请假省亲之占。

元首　曲直　九丑

鬼 亥 贵
父 卯 常
子 未 勾

贵	常	阴	空
亥	卯	丑	巳
丁	亥	酉	丑

酉	戌	亥	子
申			丑
未			寅
午	巳	辰	卯

断曰：此奏不允所请，必有温旨相留。何以知之？盖天驿二马加临年命，理应行动之象，但发用官贵德马夹克，天马恋长生，主不由己而动。且朱雀又空，为文书不就，中传卯与支上太岁相克，主君上阻隔，有温旨相留也。后果不允假旋。

例九：丁丑十一月丁亥日戊申时，东省户垣讳三杰孙科长代同乡相科长占守科失红本回奏。

重审 返吟

比 巳 空
鬼 亥 贵
比 巳 空

阴 勾 空 贵
丑 未 巳 亥
丁 丑 亥 巳

亥 子 丑 寅
戌 　 　 卯
酉 　 　 辰
申 未 午 巳

断曰：官必降罚，职必更改，目今朝廷责之，已过当矣，矧又重其责乎？曰：龙神克战，课将返吟，居官定难满任，况巳为驿马，上乘皇诏，主一任未了，二任又临。曰：此更职无疑。拟以降三级，回奏不准，拟降五级，又不准；拟降别衙门，然后依拟。

例十：戊辰十二月戊申日庚申时，余在燕京。会高仁斋夏客还张环玉邀蜀中礼部季栽溪先生座索占。

元首　斩关

官 卯 阴
子 申 龙
兄 丑 贵

六 阴 贵 白
戊 卯 丑 午
戊 戊 申 丑

戊 亥 子 丑
酉　　　寅
申　　　卯
未 午 巳 辰

仁斋断曰：卯与戌合为大六合，六合加戌为小六合，喜末传月将贵人，定然片言入相。余反其意曰：旧太岁发用，且四墓覆生，主已废复行，沉而又举也。嫌初中龙官空战，朱雀阴见玄墓，若上疏，旨意不佳。后果以改授上疏见驳，几至察处。

公　讼

例一：辛未四月丙辰日甲午时，莱阳迟芝莱父师在京考选相会偶占。

重审　玄胎

财 申 六
官 亥 贵
父 寅 玄

六	贵	勾	蛇
申	亥	未	戌
丙	申	辰	未

申	酉	戌	亥
未			子
午			丑
巳	辰	卯	寅

断曰：传将财官驿马，城吏递互相生，大吉之兆。芝翁曰：此公已撄重戮，付刑部狱，生全即出望外，矧敢非分求乎？曰：月德发传，中贵绝，末传见长生，此为绝处逢生。支上皇恩化戌，斗罡居命，指日出狱，难免谪戍，然后来仕途显达。思宗因旱祈雨，壬戌日赦文武大臣七人，此公在赦内。后知其为张蓬玄先生也，十二年后，果历仕途显要，今为少冢宰，寻转大司空。

例二：丙子三月乙未日己卯时，御马监太监冯允升被逮刑部，已定重辟索占。

重审

子 午 空
财 丑 后
官 申 勾

蛇 空 阴 合
亥 午 寅 酉
乙 亥 未 寅

子 丑 寅 卯
亥 　 　 辰
戌 　 　 巳
酉 申 未 午

断曰：此课必遇恩宥，仍有重用之兆。盖以日上皇恩，支见天赦，又太岁贵人生日，罪虽至重，亦能转凶为吉。传将递生，初末引从子命，定主上台推荐。果五月奉热审，开豁谪戍，发京营立功。后监洪黑二将及予追剿有功，复职。

例三：丙子三月己酉日丁卯时，粤东少宗伯陈秋桃太史为宗藩建言，被逮刑部占出狱。

蓦越 重审

才 亥 蛇
印 午 空
克 丑 后

阴 六 常 蛇
寅 酉 辰 亥
己 寅 酉 辰

了	丑	寅	卯
亥			辰
戌			巳
酉	申	未	午

断曰：目今不能脱离，交四月甲戌日巳时，方出狱也。同难诸公缙绅皆曰：指日即出。余曰：不然，发用驿马坐墓，且赤鸟犯岁君，如上疏，旨意必驳。众不然其说。三月冯大司寇上疏，旨意驳下，四月上疏，依拟脱难。因四月建巳冲初传墓中驿马，方有出狱之应也。

例四：壬午七月甲午日庚午时，偶有一客至埂子街寓中坐定时，余为之袖传一课。

退茹

父子后
父亥阴
财戌玄

贵 后 勾 六
丑 子 巳 辰
甲 丑 午 巳

辰 巳 午 未
卯 　 　 申
寅 　 　 酉
丑 子 亥 戌

断曰：公科第中人，非田姓即王姓也，然有朝廷之事连累。盖贵人临身必科第中人，然贵被干克，岁破发用，课传退茹，是以有获罪朝廷之事。喜初中后阴为恩，然而无大咎也。后知为荆州知府王承曾，甲戌进士，以失城逮问，贼破燕京始出。

例五：癸酉四月癸亥日丙辰时，宜兴同首辅因陈科长弹论，命医者周诚生来占。

重审

财 午 蛇
兄 亥 空
官 辰 后

蛇 空 后 勾
午 亥 辰 酉
癸 午 亥 辰

戌	亥	子	丑
酉			寅
申			卯
未	午	巳	辰

断曰：朝官占此，必主去位。盖因传将递克，德不胜刑，主小人进用而君子去位，且贵禄财马俱逢空陷，岂能善后乎？又夜贵临行年，即不仕闲官也。交六月后，年上日禄天马冲动身命是其行期矣；喜四墓覆生，仍有复起之兆。果六月准辞，驰驿回里。

例六：丙子二月乙未日己卯时，东省登州戚都司讳司宗者，因失机已定重辟八载，占吉凶若何？

重审

子空午
财后丑
官勾申

蛇　空　阴　六
亥　午　寅　酉
乙　亥　未　寅

子　丑　寅　卯
亥　　　　　辰
戌　　　　　巳
酉　申　未　午

断曰：六月遇赦，转凶为吉之象。缘长生临身，天赦加支，况太岁贵人俱作恩星，罪虽重亦减轻矣。且所喜者传将递生，初末暗拱未命，仍有公卿推荐，他日出仕之兆也。果六月奉命热审，豁罪谪戍，发京营立功自赎。后辛巳年，升甘肃镇中军参将。

例七：辛未四月戊午日辛酉时，山东吏垣宋太斗先生相召占课，云非己占代占。

玄胎 伏吟

父 巳 朱
子 申 后
鬼 寅 龙

朱 朱 蛇 蛇
巳 巳 午 午
戊 巳 午 午

巳 午 未 申
辰 　 　 酉
卯 　 　 戌
寅 丑 子 亥

断曰：在朝官占此，提防台谏封章而回，幸还得好旨归里。曰：何以知之？盖因传将互克，伏吟丁马，且太阳无光矣，岂能久居廊庙乎？然喜朱雀德禄生日，故得好旨归里。后知为四明讳象坤钱相公所占，果因人言，请告而去。

例八：丙子二月乙酉日辛巳时，淮扬巡抚讳振缨浙湖吴公祖因贼焚凤灵，被逮刑部已定重辟，索占吉凶。

涉害　天狱

财　未　龙
父　子　贵
子　巳　虎

六	阴	阴	龙
酉	寅	寅	未
乙	酉	酉	寅

戌	亥	子	丑
酉			寅
申			卯
未	午	巳	辰

断曰：目今必遇恩赫，在六月必有出狱之征。曰：何以言之？盖因皇恩临干天，赦居支，又中传太岁作贵生日，罪虽至重，亦能转凶为吉，但嫌戌临孟位，又为本命，谪戍未能免。占后因曹大司礼奉命热审，开豁改戍。

例九：癸未七月丁未日丁未时，丹阳茸村盛顺白被逮进京，舟泊邦关请占。

八专　斩关

鬼 亥 贵
子 辰 龙
子 辰 龙

龙 朱 龙 朱
辰 丑 辰 丑
丁 辰 未 辰

寅 卯 辰 巳
丑　　　午
子　　　未
亥 戌 酉 申

断曰：其事定然辨雪，到京公讼自休矣。盖因月将青龙加临干支，勾陈生日，官鬼空陷，是以公讼辨雪，自休息矣。曰：为周相公占课何如？手取棋子三十二枚，以十二除之，余八枚，亦是此课。曰：己丑命见日墓，年乘三刑，与寅命相去甚远，乌能无罪？后相国赐死，李贼破燕，盛脱自归。

例十：丁丑五月甲子日巳时申将，浙上处顾友与征友吴子逵为人代占吉凶。

重审　玄胎

鬼 申 龙
父 亥 朱
比 寅 后

常 龙 阴 虎
巳 申 卯 午
甲 巳 子 卯

申	酉	戌	亥
未			子
午			丑
巳	辰	卯	寅

断曰：月将龙官内战，必因宰辅窝里生非而败事者；但龙官与年神生合，断非寻常可比；嫌干乘飞符支见游魂，目今人宅必有灾非之事。且年命勾神作祟，又丁动刃逢，贵履地网，公讼拘系必见，喜勾阴生日事必辨雪。曰：日后何如？予云：喜德神禄马会入天门，定然位居显要；忌见旬空，难以久远。后知为常熟钱牧斋太史占也，甲戌岁，官至大宗伯。

例十一：丁丑七月丁亥日甲辰时，太仓外翰钱諟庵占常熟陈南洲逮问讼事。

重审　进茹

财 申 朱
财 酉 朱
子 戌 蛇

六	未	后	阴
申	酉	子	丑
丁	申	亥	子

午	未	申	酉
巳			戌
辰			亥
卯	寅	丑	子

断曰：占讼最凶，全无救解。盖因发用皇诏坐空，又蛇虎二墓加临卯酉，此为冢墓门开，必主重重死丧也。又传将纯劫煞，丁火病死墓绝俱见，原何有救？且年上勾刃带木，是用刑人执杖，定遭凶死。其后奉旨廷杖，枷死三人。

例十二：丁丑十一月癸未日戊申时，山东抚台讳懋芳旧兴化李父母被总镇刘泽清参劾逮问，占何日脱难？

元首

官戊虎
鬼未阴
官辰蛇

虎	阴	蛇	勾
戊	未	辰	丑
癸	戊	未	辰

寅	卯	辰	巳
丑			午
子			未
亥	戌	酉	申

断曰：占讼最难辨雪，后却虎头蛇尾。盖课传虎蛇鬼贼，又太岁、岁破克日，主君相见责。所喜支上皇恩，命乘天赦，又以初末观之，以凶制凶，返无凶矣。但只今行年恩星泄鬼之气，明年太岁为救，脱难出禁，当在彼时。丑年冬月上疏，新正旨下谪戍。

例十三：辛未四月癸亥日戊午时，商城讳奋渭熊兵长垣为戊寅命人占。

斩关 稼穑

官 辰 后
鬼 未 朱
官 戌 龙

后 朱 亥 贵
辰 未 寅 巳
癸 辰 亥 寅

申 酉 戌 亥
未 　 　 子
午 　 　 丑
巳 辰 卯 寅

断曰：课象虽凶，终不为畏。曰：较张逢玄课何如？余曰：张公课好，此课太岁克日，君上不喜，须得木姓人救解，方可消释。何也？传纯官鬼又关墓覆日，岂不为凶？喜两贵拱身，福德仪神临支，又丁马贵德居命，且是皇书天诏，定转凶为吉。其后刑长垣讳觉斯李先生上疏救之，减死谪戍；后知为云间钱相公也。

走　失

例如：庚寅十月癸卯日庚申时，同乡王怀荫占失马往何方找寻？何日可得？

知一　斫轮

子卯朱
官戌白
财巳贵

玄　朱　虎　贵
申　卯　戌　巳
癸　申　卯　戌

子　丑　寅　卯
亥　　　　　辰
戌　　　　　巳
酉　申　未　午

断曰：此马黑青色，在西北山冈，二日内必获。曰：何以见之？盖因末传之马而乘旬中之空，必俟出旬乙巳日填实，方能得马也。何以知其色之为黑青？因马之阴神见子水乘青龙，故知之。何以知其在西北山冈？因马居戌地也。果后三日，自刘家集寻得。

贼盗

例如：丙寅四月丙寅日庚寅时，维扬北关外建龙寺僧丽天在薛园住静偶晤间求占。

涉害

鬼子蛇
子未常
父寅六

蛇	常	贵	虎
子	未	酉	辰
丙	子	寅	酉

子	丑	寅	卯
亥			辰
戊			巳
酉	申	未	午

断曰：神后蛇鬼，临干发用，必有阴人往来缠扰。僧默然久之曰：凶吉若何？曰：干支首尾相见，一时不能拆离，且河魁加卯命，驿马临行年，必有相携而逃之意。然而传将互克，提防邻人有攻诉之事。因而众施主送僧渡江，后复来杨，携妇归而去。

隐 遁

例一：甲申五月乙未日癸未时，东省费县讳四知张相公因高镇兵马屯北城外，借住府河厅公署，占进退行止。

蒿矢 连茹

鬼酉玄
财戌阴
父亥后

龙	空	常	玄
巳	午	申	酉
乙	巳	未	申

午	未	申	酉
巳			戌
辰			亥
卯	寅	丑	子

断曰：东南水乡，居住安稳。盖因岁贵劫煞临支，贼符驿马加干，此地异日还有兵戈扰攘。幸日上罗网逢空，相公必当解脱而去。然昴星乘玄武克日作来年太岁，革故从新在酉年必矣，相公遂渡江而南。

例二：乙酉四月癸亥日戊午时，余住淮阴，欲回杨搬家眷，田百原恩师汝占课，看该城住乡住。

元首　斩关

官 辰 后
鬼 未 朱
官 戌 青

后 朱 玄 贵
辰 未 寅 巳
癸 辰 亥 寅

申 酉 戌 亥
未　　　 子
午　　　 丑
巳 辰 卯 寅

断曰：此课正宜归隐，住乡安稳；住城虽有众贼飞攻，亦不足畏。何也？因游子斩关发用，阳将传入阴位，理应归隐之象。住城虽有贼攻，实赖支上寅木以敌之；不若就西北水乡，卜居安稳。及到邦关，船被兵据，入城，史阁部命守西城。城破，一家投水未死。

逃　亡

例如：庚寅四月乙酉月乙酉日辛巳时弯子街二人来占子逃，看何方找寻？何日得见？

元首　九丑　润下

官 申 勾
父 子 贵
财 辰 常

勾　贵　后　虎
申　子　丑　巳
乙　申　酉　丑

酉　戌　亥　子
申　　　　　丑
未　　　　　寅
午　巳　辰　卯

断曰：此子逃于西南四十八里亲戚之家，其家近水楼房，门前有羊二只，柳数株，尔子与金山僧往来，寻之丙丁日可见。盖申为金，加辰为山，又水局围绕，岂非金山乎？玄卯居亥，即近水楼房，亥支居未，上下相乘，即西南四十八里；玄阴未加卯，门内有鬼柳二宿，故言门前有羊有柳。后四日，其子方自金山回，于所云处见之。

兵　斗

例一：甲申四月庚申日庚辰时，如皋铨部李六生先生占燕京安危。

八专

财 卯 阴
父 丑 贵
父 丑 贵

贵	白	贵	白
丑	子	丑	午
庚	丑	申	丑

戌	亥	子	丑
酉			寅
申			卯
未	午	巳	辰

断曰：贼自西山出奇，用骡车木辒先攻西南，后攻东北，且有凶变之虞。盖贼符自戌发用，克中末干支贵人，而天空临寅，此地疏虞，贼必乘虚而入。两阴神虎鬼克干支及岁君，左右献城之象。后闻李贼明攻张掖，暗踰东直，城中鼎沸，开门出降，帝自缢。

例二：乙酉正月戊午日丙申时，总漕部院田百原老师住淮清江，闻高钟睢州被许定国围困，占吉凶若何？

重审　从革

财 酉 朱
子 丑 阴
比 巳 空

朱	阴	蛇	玄
酉	丑	戌	寅
丙	酉	午	戌

酉	戌	亥	子
申			丑
未			寅
午	巳	辰	卯

断曰：兴平公必被戮。课传从革，合中刑干害支，春占金局乃返肃煞之气，戌命长生被其克尽，全无一点化解。况干乘死气，支乘干支之墓，不惟主堕客计，而主亦自被其愚矣。又干支年命上神俱遭刑克墓害，死又何疑乎？三日后果应。

例三：戊子二月乙亥日癸未时，与化台中李少文先生相召汪宁牛湾园，虑金兵东下占。

重审　曲直

财 未 青
父 亥 蛇
兄 卯 玄

勾 贵 玄 龙
申 子 卯 未
乙 申 亥 卯

酉 戌 亥 子
申　　　丑
未　　　寅
午 巳 辰 卯

断曰：金兵不但不能东下，且不能待久。游都居西南恋生，且离日辰远，贼符临干支，水陆布有伏兵。然乘死绝之气，且初传休囚来克，末传建旺制初是守坚敌弱，故知其必不东下，而又不能持久也。但太岁合木局以生春夏之木，只今颇能坚守，一交丑年，巳酉丑合金局破坏传中之木，即难支持矣。次年正月验。

例四：乙酉四月丁丑日甲辰时，大兵用铳攻扬城，守西门将士索占吉凶。

重审　铸印

兄巳空
子戌蛇
父卯常

后	空	青	贵
子	巳	午	亥
丁	子	丑	午

戌	亥	子	丑
酉			寅
申			卯
未	午	巳	辰

断曰：游都建旺发用，忌临畏地，主敌人迫于不得已而死战也。今日干支虽旺相，然旺相之气在外，休囚之气在内，城安能保乎？嫌中传被支所刑，辰时又来冲破，铸印见刑冲，则为破印矣。且戌为州城牢狱，勾陈又克日上神，屠城放狱，应在咫尺。饭后步入旧城，城已破矣。

例五：己丑五月辛巳日辛卯时，榆林王总兵讳朴者，其子金吾官在所闻大同姜总兵乱占吉凶。

元首　炎上

官 午 贵
财 寅 勾
印 戌 常

丑　勾　青　玄
午　寅　丑　酉
辛　午　巳　丑

丑　寅　卯　辰
子　　　　　巳
亥　　　　　午
戌　酉　申　未

断曰：游都居支前，贼符居酉地，且贵人克干发用，又合中犯煞，西北兵动，据城无疑。初传旺相生合末传，定主内外奸人勾连。中传月建克末传，必然破城杀将。又旬遁丁神临辰阳入辰阴，更有当地边界，盗贼蜂起，后来终于归降，盖因游都临合处也。但火局旺相于春夏，死绝于秋冬，又大吉日墓临支是主受客愚而堕客计，交秋冬事败归降矣。

例六：庚申五月庚子日辛巳时，高兵自黄河北来围困扬城近自半月，明江都令讳日成李父师占城池安危。

蒿矢　三交

鬼 午 鬼
兄 酉 勾
子 子 蛇

朱　后　阴　白
亥　寅　卯　午
庚　亥　子　卯

申　酉　戌　亥
未　　　　　子
午　　　　　丑
巳　辰　卯　寅

断曰：凶必无虞，不日围困可解。盖因干支休囚，旺气在内，故曰此城无虞。格合罗网，初传鲁都虎鬼月建，彼兵虽凶，然末传游都将星，又系螣蛇冲克初传，此为以凶制凶，不过虎头蛇尾而已，故曰不日围解。

例七：甲申正月丁亥日己酉时，程翔云居广陵报闻兵警，占岁内吉凶。

昴星　炎上

兄 丑 常
子 戌 后
印 寅 虎

后	常	虎	勾
戌	丑	寅	巳
丁	戌	亥	寅

申	酉	戌	亥
未			子
午			丑
巳	辰	卯	寅

翔云断曰：墓神覆日，虎符朝支，又丧吊入传，末见岁刑白虎，定有兵丧不测之虞。勾陈游都入辰阴幽燕之地，又见死神阴煞是以兵戈难免。且干支乘脱，内外空虚，支阴游都刑克太岁，于君不利，日阴克辰，西北有兵变急进之虑。支又克辰阴，城东边将兵民必生离异。其后贼果犯燕京，城中内变，而有三月十九日之事。

例八：甲申三月丙午日甲午时，同乡友卞孟井闻真定被贼围困，占城池安危。

知一　玄胎

财 申 六
官 亥 贵
父 寅 玄

六 贵 朱 后
申 亥 酉 子
丙 申 午 酉

申 酉 戌 亥
未 　 　 子
午 　 　 丑
巳 辰 卯 寅

断曰：不惟真定内变城破，即燕京亦有他虞。盖因初传财爻内战，又乘相气，冲克旬空之末传，干支又被两阴神所克，支又克支上神，主居民心散，兵马为钱粮内变，左右献城弑主之象。且末传寅为幽燕，被初传申马冲克，燕京安能保无虞乎？即此日，京城亦为贼所破。月余闻报，余言俱验矣。

例九：乙酉四月辛酉日丙申时，左藩南侵总漕田百原恩师奉命勤王已进发矣，诸将士索占吉凶。

重审 进茹

子 亥 虎
子 子 青
父 丑 空

虎	空	常	虎
亥	子	戌	亥
辛	亥	酉	戌

午	未	申	酉
巳			戌
辰			亥
卯	寅	丑	子

断曰：此行不吉，主至半途而回。何也？白虎驿马临干，虽有狐假虎威之势，赖戌土实能克制；如彼猖狂妄动，定有阻塞，但我兵此行，中末俱空，岂能前进？况辛日南征为灭没旺方，于军不利，干神临支，恐有锐卒前扰。后至扬州，高兵出城抢船，遂与阁部商议，抽兵而退。

例十：己丑十一月戊辰日甲戌时，山西同化南占得此时课，持来问予，地方有事无事？

弹射　润下

财 子 龙
比 辰 玄
子 申 蛇

朱 空 蛇 龙
酉 丑 申 子
戊 酉 辰 申

酉 戌 亥 子
申 　 　 丑
未 　 　 寅
午 巳 戌 卯

断曰：此地如何得无事？盖游都螣蛇临支，定有兵戈扰攘，但城中人民尚结居守，粮草器械无一不备。因支上神建壬为财，且初传子乃北方轻剽之兵，必自北面来，幸中传辰土山冈所隔，干上昴星作日之败气，来兵必败怯而退，城中人民终于归顺。盖龙化为蛇，不能成其大事，传将三六相合，末传又生合初传，居守必然归顺。曰：此敝地泽州也。果一一如占。

例十一：乙酉五月乙酉日庚辰时，予避难福终庵。同盟副帅杨九苞督师随征，时修书差官相召同事，余因幼儿随身固辞，仍占一课寄之。

元首 润下 九丑

官 申 勾
父 子 贵
财 辰 常

勾 贵 后 白
申 子 丑 巳
乙 申 酉 丑

酉 戌 亥 子
申 　 　 丑
未 　 　 寅
午 巳 辰 卯

断曰：南都定然归顺，放心前行，但防东南有兵变之虞。盖因末传旺相才爻生合初传官贵，且结水局生日，又合中无煞是为主者必归顺而贡降也；且干支休囚则旺气在内，其城不可援，亦无屠戮之惨，辰阴见太乙白虎，建旺合克酉支，因而提防东南兵变也。后果如其占。

例十二：辛未四月丙子日丁酉时，莱阳迟父师与同乡宋氏昆弟相召，占东省地方安否。

伏吟 玄胎

比 巳 勾
财 申 蛇
父 寅 虎

勾	勾	玄	玄
巳	巳	子	子
丙	巳	子	子

巳	午	未	申
辰			酉
卯			戌
寅	丑	子	亥

断曰：东省齐分主有伏地兵将作乱，两军敌战，尽遭伤也。日上勾陈月建被支之亥武将星克制，且乘天鬼凶煞，是以有伏地兵将屠杀破城之虞。又传将递克，伏吟见丁马，官防参劾，人民流亡。冬月水旺时，玄武得令，孔耿李三将兵起，破登府七州县，人民逃窜。总兵张可大自缢，孙巡抚逮问典刑。

例十三：己丑三月，偶有六壬诸友相晤。间持有丁亥日寅将子时课，与余断云有贼兵攻武昌，看城池安危？

重审 极阴

财 酉 贵
鬼 亥 阴
子 丑 常

贵 阴 常 空
酉 亥 丑 卯
丁 酉 亥 丑

未 申 酉 戌
午 　 　 亥
巳 　 　 子
辰 卯 寅 丑

断曰：贼自西南而来，城必无虞。曰：游都离日辰甚远，何以知贼之必来？曰：酉贵临干发用，故知其来而自西南也；曰：有众几何？曰：游都离日辰远，干上贵又空，惟以正时上下合断，约有七九六千三百；曰：城无虞者；何？曰：贵临干受克，故知贼之不攻城而退也。此课乃晋元帝时，因毛宝叛兵屯郏城，命宰相戴洋占，后载之于史。予初不知，不意后人竟与古事相合。然纯阴之课，子之阴神鲁都克日，主贼有埋伏；又支为城，上神克之，而上神又被阴神所克，主居守不仁，且欲自相攻击。又末传生合初贵，主内有暗降之人。此数事皆前人未尽之秘，今不惜笔之于书，以授后之学者。

出 行

例如：庚寅五月庚申日丁丑时，徐盟鹿占得此课，问远行携有妻子同往看吉凶若何?

八专 绝嗣

父 戌 六
官 巳 常
子 子 蛇

阴	六	阴	六
卯	戌	卯	戌
庚	卯	申	卯

子	丑	寅	卯
亥			辰
戌			巳
酉	申	未	午

断曰：男女远行，俱不得意，中途被劫死于他乡，有沉溺破舟之虞。盖因男干女支行人空墓之地，中传劫煞旬丁刑克支干，末传日死加巳，是阳生临于阳绝，合为死字。且壬戌加卯发用是河井相加，卯受干克主车船破坏，其祸必矣。近江西百余里，男女五人，被盗而死。

行　人

例一：乙酉七月庚子日甲申时，扬州兵监道讳汉式刘公祖占课，不言其事。

涉害　顾祖

鬼 午 龙
父 辰 六
财 寅 蛇

龙　六　玄　白
午　辰　戌　申
庚　午　子　戌

卯　辰　巳　午
寅　　　　　未
丑　　　　　申
子　亥　戌　酉

断曰：胜光同天马，来意问行人；过月望赤龙，眷属到门庭。曰：然。盖因中末空亡，是以月内不来，过月驿马克辰，故应丙辰日。曰：此课看功名，能复旧缺否？余曰：顾祖中末空，有初必无终；龙化为蛇例，请告始得荣。盖因初龙末蛇，止于兵宪，龙神克下，上官不足。复任月余，被劾逮问。

例二：戊辰十一月壬戌日乙巳时，余在燕京。江都倪子玄占父何日到京，途路平安否？

元首　玄胎

财 巳 贵
子 寅 六
比 亥 空

玄	贵	阴	蛇
申	巳	未	辰
壬	申	戌	未

寅	卯	辰	巳
丑			午
子			未
亥	戌	酉	申

断曰：行人已抵燕界，丙寅日方到，但途遇马贼劫夺。盖二马见于课传之末也，寅乃幽燕之分，二阴夹阳，中传见寅，故主寅日到。玄武驿马天干遥克庚午命神，主大路有马贼劫夺之应。果寅日到，雪中遇马贼，劫银四十两。

例三：庚寅七月丁丑日午将巳时，江西吉水少司马李梅公先生住扬时占行人。

重审 连茹

财 **申** 六
财 **酉** 朱
子 **戌** 蛇

六	朱	玄	常
申	**酉**	**寅**	**卯**
丁	**申**	**丑**	**寅**

午	**未**	**申**	**酉**
巳			**戌**
辰			**亥**
卯	**寅**	**丑**	**子**

断曰：行人尚未起程，九月节后，子丑日方能到扬。曰：何以迟来？盖因连茹逢空，玄武劫煞入辰之阴阳，主当地及交界有兵戈盗贼扰害，宅中眷属退居山水之间，迟来必矣。果九月，公郎同亲家刘左车临扬。

例四：辛卯九月辛巳日辛卯时，庄公远在江宁，占看东翁程翔云先生何日到省。

蒿矢

鬼	午	贵
印	未	后
兄	申	阴

白	空	贵	后
亥	子	午	午
辛	玄	巳	未

午	未	申	酉
巳			戌
辰			亥
卯	寅	丑	子

公远断曰：行人自宅中已起程矣，应于丙戌日到。何也？驿马临于贵人入辰，又蒿矢为用，行人速来，故知其起程。丙戌日者，因马临戌地，又为发用之墓绝，且寅为本命，午为用神与作三合也。后果以丙戌日到。

疾病

例一：辛巳九月丁亥日辛丑时，痒友张奉初为乃弟观初占病吉凶，余遂袖传一课以答之。

重审 铸印

比 巳 空
子 戌 蛇
印 卯 常

后 空 白 朱
子 巳 辰 酉
丁 子 亥 辰

戌 亥 子 丑
酉 寅
申 卯
未 午 巳 辰

断曰：课得铸印，占病不吉，三日内必死。张友不言而去，倾焉一人重占，得未亥卯三传，白虎发用，丧吊全逢，且木空则折，病主风寒，三日内死。占者曰：适家伯先已来占矣，因不吉，故复占之。张友又请仙吕纯阳，下降判曰：数合于数，吾无言焉。果三日死。

例二：乙酉正月己亥日己巳时，总漕漂官召贤参将卢承山盟兄占病吉凶。

重审　交车

父 午 空
兄 丑 后
子 申 勾

阴　六　空　后
寅　酉　午　丑
己　寅　亥　午

子　丑　未　卯
亥　　　　　辰
戊　　　　　巳
酉　申　寅　午

断曰：脾土受病，目今无虑。盖木为官鬼，则脾经受症矣，必以平脾清心为上，切勿健脾理肺，七月恐有不测之忧。盖禄临绝地，马入墓乡，且子巳相加为阳临阳绝，又卯临申位是木被金离，病人非宜；且年带二死克日，故断其七月必死。已而果然。

例三：辛卯二月丁未日癸卯时，偶有楠姓者为董晋侯占病。

八 专

财 酉 阴
子 戌 青
鬼 亥 贵

六	阴	六	阴
寅	酉	寅	酉
丁	寅	未	寅

子	丑	寅	卯
亥			辰
戌			巳
酉	申	未	午

断曰：此病主手足不举，全无一点生气。因日禄临绝地，驿马投墓乡，又行年游魂子巳相加合为死字，三传死墓绝，安能有救乎？何以知痛在手足不举？因卯加申戌加卯，故主风瘫发搐之症。在何日？久病应卯字，卯加申，申日子时死矣。

例四：乙丑十月辛亥日甲午时，余往金陵成贤街六壬王养吾索占之课。

元首　玄胎

鬼巳蛇
财寅勾
子亥白

后　朱　阴　滕
未　辰　申　巳
辛　未　亥　申

寅　卯　辰　巳
丑　　　　　午
子　　　　　未
亥　戌　酉　申

断曰：公为阴人占病，主胸膈不宽，饮食少进。曰：果妇病，其症若何？曰：传得病玄胎，又四课德鬼发用，巳作闭口，食神乘空，故知病在胸膈，不能饮食；且禄临死地，何以养生？目今子爻制鬼无妨，恐来年初夏，太岁生鬼可虑？况夫占妻，岂宜财空，主半路断弦终也。辛日亦不宜占病，因辛作亡神故也。

例五：巳丑八月庚戌日壬午时，陈惟一占扬州道台陈公祖病。

伏吟 玄胎

兄 申 虎
财 寅 蛇
官 巳 勾

蛇	蛇	玄	玄
申	申	戌	戌
庚	申	戌	戌

巳	午	未	申
辰			酉
卯			戌
寅	丑	子	亥

断曰：此课不利占病，丁巳日必死。盖因禄马发用，入传中空绝之乡，病人见驿马乃神气出游之象，课传玄胎主别处投胎之象。虎鬼临处为畏期，传课既无天医，而末传巳火克日，故以是日决之。

例六：己丑八月乙未日辛巳时，徽友程孝延为同乡郑姓者占病。

蒿矢　连茹

鬼 **酉** 玄
财 **戌** 阴
父 **亥** 后

龙	空	常	玄
巳	**午**	**申**	**酉**
乙	**巳**	**未**	**申**

午	**未**	**申**	**酉**
巳			**戌**
辰			**亥**
卯	**寅**	**丑**	**子**

断曰：此病不治，且临于床，八九月之会，是其死期乎？何以知其病之不起？干支互乘绝气，课传革故从新，且二马临身宅，乘青龙太常，谓之孝服纸钱杀也；病人见驿马又非所宜。何以知其卧床？因身加卯上，为床为棺也。何以知其死期？二阴一阳，中传戌加酉位，是八九交会之时。果交九月节日死矣。

例七：辛未正月戊申日己未时，同乡亲彭城卫慕刘一纯占病。

元首 润下

兄辰玄
子申龙
财子蛇

勾	贵	蛇	玄
酉	丑	子	辰
戊	酉	申	子

酉	戌	亥	子
申			丑
未			寅
午	巳	辰	卯

断曰：病起少阴，目今无虑，但绵缠难脱体耳；微独病也，且防贼至。病起少阴者何？从魁临干为日之败气，是因少阴而败身也。病难脱体者何？传将合成财局生起日之官鬼也。占病而言贼至者何？玄武发用，传归支上，主贼入我内室也。医当如何？曰：木为官鬼，火作白虎，心脾二经受症，当觅东方之医，理肝清心，切勿健脾补肺。何时当愈？曰：甲戌流年方且不保，遑问愈乎？缘戊日玄墓发用是为收魂煞，又纯财生卯木死气克日，故是年冬可虑。果后三月一贼入室，刘复来言及，余乃以原数断云：贼北方道路往来，陈姓少年人也，作贼无伴一人耳，然必告官方获。玄辰乘相气主年少，在子为道路，辰与陈姓同音，玄阴生水，水合一数也；官鬼遥克玄武，公命上神又制盗神，必告官而后捕捉也。何日可获？曰：告官三日，即获。后果然，及询其姓名则陈忠也。

例八：己卯六月己酉日戊辰时，维扬埂子街六如斋扇店浙杭张澹宁相会占病。

蒿矢　三交

鬼　卯　玄
父　午　空
子　酉　六

朱　常　贵　蛇
戌　丑　子　卯
巳　戌　酉　子

申　酉　戌　亥
未　　　　　子
午　　　　　丑
巳　辰　卯　寅

断曰：当年病无妨，何须再三详；黑马自夷来，跨土往西方；早觅玄空径，教尔接命长；宅上见胎喜，一阴并两阳。盖太岁发用作日破旬空，目今无妨，但嫌医神发用克日，主医人用药不当。但木火为虎鬼，脾胃受病，未能脱体，须东南寻钱刘之医，平肝清心，其病渐愈。曰：何以言玄？门卯乃死我？门酉为生我？况玄空长生在传，宜避初鬼就末生，须向玄空之门求接命延年之术，否则壬午春，必有他虞矣。曰：有胎者何？余曰：支上见胎神，曰：三儿妇俱怀孕矣；余曰：试言何命？曰：丁未、壬子、甲寅；余以行年推之，丁未生女，余二皆男，后果然。澹宁壬午春死。

岁 占

例如：辛巳正月乙酉日癸未时，程翔云在新安见雪寒极途多冻馁，因有感而占。

不知 乱首 不备

财 未 龙
印 子 贵
子 巳 虎

六	阴	阴	青
酉	寅	寅	未
乙	酉	酉	寅

戌	亥	子	丑
酉			寅
申			卯
未	午	巳	辰

翔云断曰：据此课象，今岁天气亢旱，风大雨少，田禾欠熟，且有疫厉死亡之患。盖因初中风伯会箕，神后空陷，末传虎乘遁鬼。又因未为田园，自四课发用，即田庄交界，子属稻谷，亦空，故知田禾欠熟。又天鬼支来克干，此为上门乱首，种种凶象。而况劫煞入辰，三传递克，全无和气，凶荒之征也。后果如占。

应　候

例一：己丑三月乙丑日丁亥时，广储门外普贤庵僧敏若半夜亥时因鸦鸣占此课，来问主何吉凶？

重审　退茹

父 子 常
父 亥 玄
财 戌 阴

青 空 常 玄
卯 寅 子 亥
乙 卯 丑 子

辰 巳 午 未
卯　　　申
寅　　　酉
丑 子 亥 戌

断曰：主有贼八九人，自东北劫邻人衣物银钱，遂渡河而去，汝庵无妨也。曰：亥时右邻香客被劫。盖因游都贼符临干支，右见驿马玄武，左见劫煞贼符，故有此象。提防复至，然五日后必获。但子发用，贼必东北而来，因子加丑乃八九之数；五日获者，因勾陈居支前，丑辰遥克玄武，又魁渡玄阴，贼何所逃乎？果次日，北关外行劫，遂获二名。

例二：庚寅十月辛巳朔甲午时日有食之，庄公远占常主何应。

励弹 德射 病胎

财 寅 勾
子 亥 虎
兄 申 阴

后 朱 勾 白
未 辰 寅 亥
辛 未 巳 寅

寅 卯 辰 巳
丑 午
子 未
亥 戌 酉 申

公远断曰：太岁作游都，临翼轸发用，且乘勾陈披刑带煞，楚地当有战争之象；弹射有丸，忧惊必重。中传虎马居支阴，冲克日支，末传拔刀乘岁破，冲克太岁，然是旬空，阴谋必败。又河覆井，玄入穴，虎出林，来年定主风多涝患。奈何雷公雷煞并见以作病胎，气不收敛，民生多病之征也。越次日，雷电大作。次年水涝为灾，余占亦验。

例三：己巳年十一月丁酉日庚戌时，偶有叩门声随占一课。

蒿矢

官子亥
父卯空
比午六

后 常 玄 空
戌 丑 子 卯
丁 戌 酉 子

申 酉 戌 亥
未 子
午 丑
巳 辰 卯 寅

断曰：来叩门者，必因盗贼之事。及开门时，迟王两父师相召，随往见之坐下，即云：彼乡有一举人作乱。余袖传一课答之：指日败擒，无烦过虑。盖因干支上乘死墓，玄鬼临于败地，日上神又制之，是以不能持久，一交土旺时，自休息矣。又问家宅安否？曰：然系何命？曰：乙亥、戊子者。余云：亥年驿马贵人，子年乘河魁，又二贵拱夹亥命，有功名而未成；了乃科第中人，俱迁居他处矣。曰：亥命家兄是秀才，子命舍弟是举人。果十二月为乱者事败，家中安堵。

例四：乙丑六月乙未日丁亥时，天宁寺半夜因外人惊江南，吴三占此课问余主何应候？

元首 曲直

鬼 卯 白
父 亥 六
财 未 后

勾	贵	白	六
子	申	卯	亥
乙	子	未	卯

丑	寅	卯	辰
子			巳
亥			午
戌	酉	申	未

断曰：主有贼船东来，无攻城破邑之虞。盖因游都贼符临干支，自支发用，故主东有贼船至。初中二传休囚，末传太阳月建，故主城邑无虑。己亥日，报贼自东方来，水陆并进，人民惊走。余以申时占课，三传戌酉申为返驾，初旺生末，虽有奸人勾引，不战自退。官兵出，贼遂奔散。

射　覆

例一：辛巳八月甲寅日壬申时，浙绍范玄同袖帨包有物件，占问何物？余遂袖传一课以射之。

八　专

财 丑 贵
父 亥 阴
父 亥 阴

阴	虎	阴	虎
亥	申	亥	申
甲	亥	寅	亥

寅	卯	辰	巳
丑			午
子			未
亥	戌	酉	申

断曰：刚日发用，兼日上神射之，发用丑为牛，其色黄兼黑；亥为双义，必是黄黑二件。又为日贵，必贵重之物，乘天医必能医病，其数四八。范大服，开怀视之，是牛黄二块，每块约重四分七八厘。

例二：庚寅五月甲申日癸酉时，南京陈开子山右司化南相顾问彼袖中是何物件？余袖传一课以射之。

涉害 顾祖

子 午 龙
财 辰 六
兄 寅 蛇

后 玄 龙 六
子 戌 午 辰
申 子 申 午

卯 辰 巳 午
寅 　 　 未
丑 　 　 申
子 亥 戌 酉

断曰：此必文书之类；化南云：何以知是文书？乞讲一理。余曰：昔东方朔射覆断本课，三传纯阳，取遁甲丁卯，仰视丑字，阴神是亥。取亥为初传，三传亥酉未，亥主图书，又为甲日文书爻。果透易书一册。余曰：八十四页，果然《袁天罡本课》。

卷五　校正神煞

神煞全图

凡看神煞、必须干支、神将刑克、其事乃发。

上位圆图一起太岁，二起岁驿，余则直列干旁而岁煞备矣。三起仪神，四起奇神而旬煞备矣。下位圆图：一起天喜；二起月建；三起月令；四起月驿；五起成神；六起天马；七起圣心；余则方列于右而月煞备矣。日煞列于方图而干支备矣。

图　位

月	正	二	三	四	五	六	七	八	九	十	十一	十二
天德	丁	坤	壬	辛	乾	甲	癸	艮	丙	乙	巽	庚
天德合	壬		丁	丙		己	戊		辛	庚		乙
月德	丙	甲	壬	庚	丙	申	壬	庚	丙	甲	壬	庚
月德合	辛	己	丁	乙	辛	己	丁	乙	辛	己	丁	乙

月	正	二	三	四	五	六	七	八	九	十	十一	十二
天解	见本书第 201 页圆图内											
地解	申	申	酉	酉	戌	戌	亥	亥	午	午	未	未
解神	申	申	戌	戌	子	子	寅	寅	辰	辰	午	午
天恩	戌	丑	辰	未	酉	卯	子	午	寅	巳	申	亥
天赦												
会神	未	戌	寅	亥	酉	子	丑	午	巳	卯	申	辰
信神	申	戌	寅	丑	亥	辰	巳	未	巳	未	申	戌
天德	午	午	午	辰	辰	辰	子	子	子	寅	寅	寅
进神	丑	丑	丑	子	子	子	亥	亥	亥	戌	戌	戌
戏神	巳	巳	巳	子	子	子	酉	酉	酉	辰	辰	辰
泰神	丑	丑	丑	子	子	子	戌	戌	戌	亥	亥	亥
夏神	丑	丑	丑	子	子	子	戌	戌	戌	亥	亥	亥
夏冲	辰	戌	丑	未	辰	戌	丑	未	辰	戌	丑	未

月	正	二	三	四	五	六	七	八	九	十	十一	十二
天赦	戊	寅			甲	午		戊	申		甲	子
天甲	巳	巳	巳	辰	辰	辰	未	未	未	酉	酉	酉
死别	戌	戌	戌	未	未	未	辰	辰	辰	丑	丑	丑
奸神	寅	寅	寅	亥	亥	亥	申	申	申	巳	巳	巳
风病	申	申	申	寅	寅	寅	巳	巳	巳	亥	亥	亥
时盗	巳	巳	巳	卯	卯	卯	酉	酉	酉	子	子	子
破碎	酉	巳	丑	酉	巳	丑	酉	巳	丑	酉	巳	丑
日表	未	辰	丑	未	辰	丑	未	辰	丑	未	辰	丑
归忌	丑	寅	子	丑	寅	子	丑	寅	子	丑	寅	子
飞廉	戌	巳	午	未	寅	卯	辰	亥	子	丑	申	酉
往亡	寅	巳	申	亥	卯	午	酉	子	辰	未	戌	丑
月刑	巳	子	辰	申	午	丑	寅	酉	未	亥	卯	戌
天贼	辰	酉	寅	未	子	巳	戌	卯	申	丑	午	亥

月	正	二	三	四	五	六	七	八	九	十	十一	十二
五鬼	午	辰	寅	酉	卯	申	丑	巳	子	亥	未	戌
相負	亥	亥	丑	丑	卯	卯	巳	巳	未	未	酉	酉
枉屈	巳	巳	未	未	酉	酉	亥	亥	丑	丑	卯	卯
瓦煞	巳	子	丑	寅	卯	辰	亥	午	未	申	酉	戌
門煞	戌	酉	辰	卯	戌	酉	辰	卯	戌	酉	辰	卯

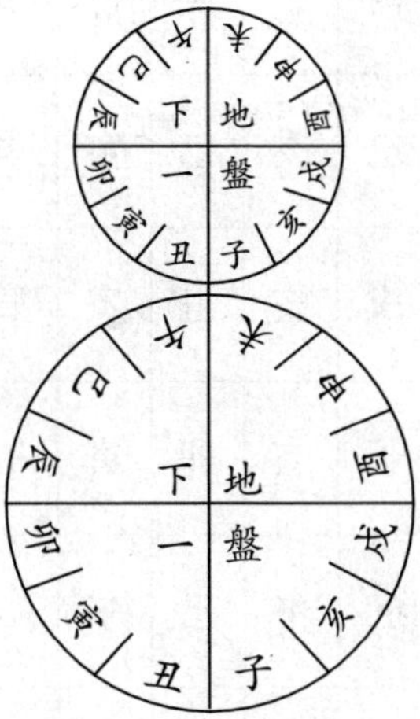

干	甲	乙	丙	丁	戊	己	庚	辛	壬	癸
天庭	丑	寅	辰	巳	辰	巳	未	申	戌	亥
死符	申	申	亥	亥	寅	寅	巳	巳	辰	辰

年	子	丑	寅	卯	辰	巳	午	未	申	酉	戌	亥
岁刑	卯	戌	巳	子	辰	申	午	丑	寅	酉	未	申
大将军	酉	酉	子	子	子	卯	卯	卯	午	午	午	酉

日	甲	乙	丙	丁	戊	己	庚	辛	壬	癸
干德	寅	申	巳	亥	巳	寅	申	巳	亥	巳
干合	未	申	戌	亥	丑	寅	辰	巳	未	巳
日官	酉	申	子	亥	卯	寅	午	己	丑未	戌辰
日禄	寅	卯	巳	午	巳	午	申	酉	亥	子
长生	亥	午	寅	酉	寅	酉	巳	子	申	卯
恩赦	寅	辰	巳	未	巳	未	申	戌	丑	亥
干奇	午	巳	辰	卯	寅	丑	未	申	酉	戌
日解	亥	申	未	丑	酉	亥	申	未	丑	酉
日医	卯	亥	丑	未	巳	卯	亥	丑	未	巳
贤贵	丑	申	寅	寅	午	丑	申	寅	寅	午
福星	子	丑	子	子	未	未	丑	丑	巳	巳
文星	亥	亥	寅	寅	午	午	巳	巳	申	申
主兼举务	戌	酉	申	未	午	巳	辰	卯	寅	亥

日	甲	乙	丙	丁	戊	己	庚	辛	壬	癸
进神	午子	午子	午子	午子	午子	酉卯	酉卯	酉卯	酉卯	酉卯
退神	未丑	未丑	未丑	未丑	未丑	戌辰	戌辰	戌辰	戌辰	戌辰
见鬼	申	酉	亥	子	寅	卯	巳	午	戌辰	未丑
日墓	未	戌	戌	丑	戌	丑	丑	辰	辰	未
日刑	巳	辰	申	丑	申	丑	寅	未	亥	戌
日神	申	戌	亥	丑	亥	丑	寅	辰	巳	未
飞符	巳	辰	卯	寅	丑	午	未	申	酉	戌
年刃	卯	辰	子	丑	子	丑	卯	辰	午	未
飞刃	酉	戌	子	丑	子	丑	卯	辰	午	未
大煞	亥	亥	未	未	戌	戌	寅	寅	巳	巳
游都	丑	子	寅	巳	申	丑	子	寅	巳	申
鲁都	未	午	申	亥	寅	未	午	申	亥	寅
日败	辰	午	申	亥	寅	辰	午	申	亥	寅

日盗	子	亥	卯	申	巳	子	亥	卯	申	巳
日奸	亥	酉	辰	申	巳	亥	酉	辰	申	巳
日淫	午	午	未	未	戌	戌	寅	寅	巳	巳

日	子	丑	寅	卯	辰	巳	午	未	申	酉	戌	亥
支德	巳	午	未	申	酉	戌	亥	子	丑	寅	卯	辰
六合	丑	子	亥	戌	酉	申	未	午	巳	辰	卯	寅
三合	辰申	酉巳	戌午	未亥	子申	丑酉	戌寅	卯亥	辰子	丑巳	午寅	未卯
支仪	午	巳	辰	卯	寅	丑	未	申	酉	戌	亥	子
支破	酉	辰	亥	午	丑	申	卯	戌	巳	子	未	寅
破碎	巳	丑	酉	巳	丑	酉	巳	丑	酉	巳	丑	酉
六害	未	午	巳	辰	卯	寅	丑	子	亥	戌	酉	申
三刑	卯	戌	巳	子	辰	申	午	丑	寅	酉	未	亥
支冲	午	未	申	酉	戌	亥	子	丑	寅	卯	辰	巳

日	子	丑	寅	卯	辰	巳	午	未	申	酉	戌	亥
支鬼	戌 辰	卯	申	酉	寅	亥	子	卯	午	巳	寅	戌 丑
支墓	辰	辰	未	未	辰	戌	戌	辰	丑	丑	辰	辰
死神	卯	辰	巳	午	未	申	酉	戌	亥	子	丑	寅
病符	亥	子	丑	寅	卯	辰	巳	午	未	申	酉	戌
勾神	卯	戌	巳	子	未	寅	酉	辰	亥	午	丑	申
绞脚	酉	辰	亥	午	丑	申	卯	戌	巳	子	未	寅
驿马	寅	亥	申	巳	寅	亥	申	巳	寅	亥	申	巳
华盖	辰	丑	戌	未	辰	丑	戌	未	辰	丑	戌	未
劫煞	巳	寅	亥	申	巳	寅	亥	申	巳	寅	亥	申
灾煞	午	卯	子	酉	午	卯	子	酉	午	卯	子	酉
四煞	未	辰	丑	戌	未	辰	丑	戌	未	辰	丑	戌
咸池	酉	午	卯	子	酉	午	卯	子	酉	午	卯	子
支亡	亥	申	巳	寅	亥	申	巳	寅	亥	申	巳	寅

日	子	丑	寅	卯	辰	巳	午	未	申	酉	戌	亥
雷电	辰	辰	未	未	戌	戌	丑	丑	寅	寅	卯	卯
雨帅	申	酉	戌	亥	子	丑	寅	卯	辰	巳	午	未
晴朗	午	未	申	酉	戌	亥	子	丑	寅	卯	辰	巳
白衣翰林	酉	未	巳	卯	丑	亥	酉	未	巳	卯	丑	亥

岁煞

岁君〔一〕阳赶〔二〕及丧门〔三〕(太岁为天子之权、主事于朝廷、及岁内吉凶、应任一年、太阳至尊之神、士人得权贵显、又为青龙、凡事有喜无忧、又为赶煞、若克干支、死人败家、丧门主死丧、占病凶)。

六合〔四〕官符〔五〕小耗宅〔六〕(六合主会合、凡事有成无破、官符主官非勾逮、小耗主破耗财物、又为家宅、占家宅用之、若并鬼主灾病讼)。

破迫〔七〕墓龙〔八〕白虎神〔九〕(岁破为宰补主司、又主半年事、又为大耗、主破耗财物、又为迫煞、若克干支、死人败家、岁墓主坟墓、病讼宅灾、又为龙德、加吉神将、生干支功名诸事吉、反此诸事不成、又为朱雀、主文书口舌、白虎主凶灾血光惊恐)。

福德〔十〕吊阴〔十一〕病符测〔十二〕(福德贵人、难中有救、吊客主吊送姻亲、初传见、主骨肉灾中末见、主外服、又为太阴、大将宜居之方、作吉神将、主婚姻作凶神将、主阴谋口舌、病符主疾病、又主去年旧事)。

驿马〔一〕六害〔二〕华盖幡〔三〕(驿马主行动、六害凡事阻滞、华盖作事昏晦、黄幡兵占用)。

劫煞〔四〕灾兮〔五〕天岁看〔六〕(三煞凶速、诸占不喜)。

地煞〔七〕桃花〔八〕兼豹尾〔九〕(三位诸占不喜、豹尾大将宜居之方)。

亡神〔十〕将星〔十一〕迄攀鞍〔十二〕(亡神病讼大凶、将星兵占用、凡占婚姻喜见)。

以上二轮载圆图内。

岁干禄后号天庭，死符申亥寅巳辰；岁刑太岁所刑者，亥子丑顺酉将军(天庭主朝廷事、死符占病多凶、岁刑主官非刑责、大将军主头官领、又占行人用之)。

以上四位载直图内。

月煞

春夏秋冬

戌丑辰未　春戌夏丑喜耳加(天喜主喜庆恩泽、官迁财喜、天耳主信息、察探追捕)。

秋辰冬未顺无差。亥寅申巳子卯午酉　返魂俱是刀砧煞(第二位、与第三位同、返魂病复生、刀砧六畜忌)。

丑辰未戌　寡宿三丘关管家（寡宿信虚、忧喜无成、失物亡、婚娶忌、三丘崩病凶、门神动处身灾滞、管神讼遭禁)。

寅巳申亥　拜命皇书雄吏至（皇书主拜命功名词讼喜之。战雄战胜、吏神并吉神吉、并朱勾蛇追呼远)。

卯午酉子　贼神奸盗转丝麻(贼神奸盗、主奸私贼盗、旺连天干为天转、春乙卯、夏丙午、秋辛酉、冬壬子、旺连纳音为地转、春辛卯、夏戊午、秋癸酉、冬丙子、百事凶、出行大忌、君子赴朝则可丝麻煞主缢绞)。

辰未戌丑　浴盆天目龙神位（浴盆呛水病凶、产吉、地盘忌亥子、天盘忌乘辰、主小儿病死、天目主鬼祟、宜捕盗寻人、龙神占地)。

巳申亥寅　喝散孤辰染钥查(孤辰占同寡宿、梁神行入阴、钥神囚释)。

午酉子卯　火鬼伤支蛇雀忌(火鬼乘蛇雀克支、主火厄)。

未戌丑辰　哭神五墓狱为嗟(哭神作虎、有哭声、亥子上见为哭神下泪、大凶、五墓坟崩、病凶、地狱并朱勾主囚击)。

申亥寅巳　煞神绝气战雌败(煞神绝气病凶战雌、战败)。

酉子卯午　四废无戌即丧车(四废百事无成、丧车克日病死)。

正起顺行

寅顺十二　月建小时龙虎木（月建主月内休咎、应在一月、小时煞、主阻滞、忌行师、蛇加惊恐、龙加为表龙煞吉、天虎狼害、木煞主树木怪)。

卯顺十二　天龙游煞草蛇伏（天龙利求名禄、游煞忌出行、入传年命、主行动、蛇加为草煞)。

辰顺十二　天医雌虎瘟天巫（天医病用、雌虎虎狼害、瘟煞主疫、天巫宜作福)。

巳顺十二　厄杖死神电鸟烛（厄煞、家事损、孝杖忌见子孙传内、死神病凶、若并虎、名白虎开口、大凶、电煞有电、朱加为鸟煞、火烛并蛇雀、克日身灾、克辰宅灾)。

午顺十二　死气官符孝谩花（死气病产最忌、官符有官事、孝服有孝、谩语并天空、言不实、朱加为花煞)。

未顺十二　井枯小耗印羊福（井煞并虎克害、主落井、枯骨、病凶、诸事不利、大小耗、忌开阵、未财入宅、加墓为用、百不利、天印仁进、天羊占羊、福神吉利)。

申顺十二　破兵虎耗路阳缠（月破主破坏离散、却可解冤、忧喜不成、产易生、婚姻忌、兵煞主兵事、虎加为白虎煞凶、大耗见前、道路神、主道路事、阳年占为缠绕、病讼忌)。

酉顺十二 (书信天机钱聚卜。书信并雀、有信临门、并贵有来音、天机主口舌是非、天钱主钱怪、或有钱堆积)。

戌顺十二 (戌顺天害愿地医。天书官迁财喜、愿神占病、有愿未迁、地医病用)。

亥顺十二 (飞魂伏语病儿哭。飞魂临年命、或月辰发用、为飞魂卦、主神魂不定、夜多凶梦、鬼祟相侵、伏连诸占皆忌、天诏并二马受恩、病煞忌同墓虎、儿煞小儿灾、哭忌有哭声)。

子顺十二 生气子正雨煞来(生气解凶增吉、成就新事、乘后合有孕、乘龙财婚、雨煞加旺相有雨)。

丑顺十二 支坑佛煞牛坟墓(血支主血光、产孕病、忌针灸、天坑忌出行、主损归轮、佛煞主佛像事、天牛加六奇、牛怪病、○坟墓加宅有尸未葬)。

正起逆行

亥逆十二 神猪月合方(神煞主神像事、天猪加六丁猪怪病、月合有吉庆)。

子逆十二 鼠视捕追良(天鼠主鼠耗、○天视之下可捕人)。

丑逆十二 天怪占天变(天怪主天变)。

寅逆十二 风煞卜风扬(风煞有风)。

卯逆十二 忧焚看烛命(烛命防火)。

辰逆十二 非灾对血光(厌对忌婚娶、血光有血灾)。

巳逆十二 月害阴空竹(月害忌婚娶、纳财畜、阴煞主阴入口舌、病凶、空加为竹煞)。

午逆十二 破化地咒防(破器主破器为怪、病忌、化神事消化、不喜见之、地咒主咒诅)。

未逆十二　阴奸邪床卯(阴奸主私通、邪神有邪气、卯加床煞)。

申逆十二　绕猴风解详（阴年占为缠绕、病讼忌、天猴忌出行、主损归轮、风作有风、天解化凶为吉)。

酉逆十二　轩辕天鸡折（轩辕主兵戈、天鸡主信息、行人至、折伤六畜走失忌见)。

戌逆十二　狗足厌石光（天狗孕产不宜、四足主四足怪、月厌妨嫁娶、为用百事不成、加玄盗贼、加蛇怪梦、加虎克日病死、加朱勾忧禁、逃者忌向北方、石煞主石怪、火光并蛇雀刑克日身灾、克辰宅庆)。

(正五九）申（二六十）巳（三七十一）寅（四八十二）亥

正申驿马孟神逆（马临初传、又逢生旺、行人至、利名吉、中传稍迟、末又稍迟、其吉凶决于天将)。

酉午卯子　鬼吏长绳天咒接（天鬼临年命日辰发用、为伏殃卦、主兵亡产死、病忌、天吏古同吏神、长绳见鬼、有缢死、天咒主咒诅)。

戌未辰丑　光影黄幡火怪神（光影火怪、主火光鬼怪、黄幡即华旧、覆日人昏晦)。

亥申巳寅　狱门酒网女雷劫（天狱并朱勾、主囚击、墓门主坟动、酉加为酒煞、天网宜捕猎、女灾阴人病、雷煞占同雷公、〇劫煞有劫盗、病凶灾速、诸占不吉、士人应举作魁)。

子酉午卯　坎魈灾煞镜披麻(坑坎煞主坑坎怪、山魈主山怪、灾煞凶速、诸占不喜、镜煞主镜怪、披麻煞主孝服)。

丑戌未辰　五盗小天迷惑月（五盗主盗、小煞、小口灾、天煞凶速、迷惑煞主病迷失记、月煞忌移足病患)。

寅亥申巳　天盗雷公逆寅（天盗主盗、雷公并后阴雨、并贵空晴、并蛇雀雷电、并常勾不定)。

卯子酉午　桃池悬索大时煞（桃花咸池、主淫乱口舌、悬索见鬼、有缢死鬼、占贼必自屋而下、大时煞、忌出行、兵捕必获)。

辰丑戌未　正辰邪鬼逆三轮(邪鬼有连灾)。

巳寅亥申　月德亡神游祸说(月德化凶为吉、亡神防亡失游祸动有灾祸)。

午卯子酉　大煞午正伏骨同(大煞灾害、家长凶、君子加官、小人凶事、伏同骨病凶)。

未辰丑戌　下丧月鬼秽丧魄(下丧主下人服、月鬼病讼、秽煞主污秽物、丧魄临年命日辰发用、为丧魄卦、主病死、若并虎、健人亦衰)。

(正五九) 巳 (二六十) 申 (三七十一) 亥 (四八十二) 寅

驿合旺成梯。天旺官迁进(成神旺相、生合作事成、卯加为梯煞)

午酉子卯　病占天破宜。天破病吉

未戌丑辰　炉煞丧门狱(香炉煞、主香炉怪、丧门病忌、狱神讼忌)。

申亥寅巳　奸门申孟移(奸门主奸淫)。

酉子卯午　酉顺占天信(天信主信息)。

戌丑辰未　戌正反激为(反激煞主互报)。

亥寅巳申　阳煞亥轮孟(阳煞主阳人口舌)。

子卯午酉　邪怪火雨师(邪督阴灾、天火忌同蛇雀、雨师加旺相有雨)。

丑辰未戌　月奸丑顺季(月奸阴私内乱)。

寅巳申亥　斧产厕奸私(斧神主锅叫、产煞见后阴立应、见勾虎产难、天厕主尊长不正、奸私主隐匿)。

卯午酉子　盗神卯顺仲。盗神防盗

辰未戌丑　天械上丧诗(天械官事凶、上丧主上人服)。

以上五章俱依次顺行十二支位。

(正七) 午未

(二八) 申酉

(三九) 戌亥

(四十) 子丑

(五十一) 寅卯

(六十二) 辰巳

午未天马受皇恩（天马正七起午、主朝廷用信之喜、加大煞尤速、宜占迁动更改事、见传送白虎、必动、若克日主失脱、皇恩正七起未、主诏命迁转之喜）。

辰午申戌子寅　天财正七辰最遵（宜求财）

寅卯　辰巳　午未　申酉　戌亥　子丑

天刑怪煞先寅卯(天刑起寅、忧囚击、〇怪煞起卯、有凶事)。

(戌子寅辰午申）兽煞戌官以例论（主走改)。

（正）（二）（三）（四）（五）（六）（七）（八）（九）（十）（十一）（十二）

亥巳子午丑未寅申卯酉辰戌

圣心正月起亥宫(和合富神最宜吉运、单月顺行双月冲)。

卯酉辰戌巳亥午子未丑申寅　（玉宇卯正依）例取。二神更逢龙贵

辰戌巳亥午子未丑申寅酉卯　金堂辰上亦正逢(日德主有贵)

戌辰亥巳子午丑未寅申卯酉　受死戌正行关忌(一切大凶)

午子未丑申寅酉卯戌辰亥巳　午正罪至讼招凶(占讼忌之)

丑未寅申卯酉辰戌巳亥午子　丑正血忌毋针灸(血忌产难　单顺双冲法亦同)。

以上七轮载圆图内。

天德正丁宫，二坤三壬同；辛乾甲癸艮，丙乙巽庚从；月德逆行孟，丙甲壬庚询；二德合俱良，凶消而福进。天德百福助佑之神、月德五行生气之神、天德合月德合、干神互合者是、俱改祸成福

天解正申逆十二，地解申申酉酉次；戌亥午未俱重临，申申顺阳解神是。忧喜无成诸恶逢之皆减。

皇恩天赦戌丑罡，未酉卯兮子午当，寅巳申亥是其方。

会神春占未戌寅，亥酉子为夏月神，丑午巳兮卯申辰。行人至

信神正二居申戌，寅丑亥辰半年率，巳未巳未还申戌。主有书信

壬占须识四时神，天德午辰迄子寅，天赦戊寅夏甲午，戊申甲子秋冬云。游神丑子亥兼戌，巳子酉辰戏视临；丑子戌亥忧泰决，巳辰未酉天车惊，春戌逆回为死别。春寅退孟是奸神，申寅巳亥为飞祸，巳卯酉子时盗寻。

此十一位以四时例起之（天德官迁本星大吉、天散改散凶事吉、游凤一而加孟行人未来、加仲在途、加季即至、泰忧二神、加季信实、加孟信虚、加仲信不一定、飞祸所为皆忌、时盗主有盗贼）。

金神破碎鸡蛇牛，未辰丑上白衣愁，归忌丑寅子便休。

此三位以孟仲季例起之（金神破碎即红涉、财损事不利、凶速、占竕并空、子孙败绝、凡物破损不完、白衣煞、忌加子孙六亲上、归忌家神为祟、忌出行还家）。

飞廉起戌巳午未，寅卯辰兮此法最，亥子丑兮申酉畏（求事迅速、行人立至、及非常不测事、凶速）。

正寅五卯九天罡，隔二顺行小往亡，军行还娶悉为殃(百事不顺)。

产婚官病月刑忌，巳子辰申午丑值，寅酉未亥卯戌记（乃月建所刑之位也、诸占不吉）。

满破开兮天贼逮，辰酉寅未子巳在，戌卯申兮丑午亥(举动招盗)。

五鬼之星忌出行，午辰寅共酉卯申，丑巳子亥未戌寻(出行大凶)。

正二登明三四丑，依例顺阴人相负，冤枉屈情冲位有(相负煞、被人负、枉屈煞、有冤枉)。

阳日瓦煞阴冲出，正巳子导寅卯辰，七亥午未申酉戌(此阳日之瓦煞也、阴日于冲位取之)。

正五九兮三合轮，戌酉辰卯煞曰门，辰丑未梦神（论北二位以正五九例起之、门煞主门户事、梦神主梦床事)。

以上诸煞载方图内。

旬煞

丑子亥为日月星，甲旬之内三奇名；六仪用起旬申甲，二者解凶化吉神（子戌二旬丑奇、申午二旬子奇、辰寅二旬亥奇、此旬奇也、外有遁奇、三传同管甲戊庚、乙丙丁者忌、旬甲即旬仪也、奇仪发用或入传为三奇六仪之卦、逢凶化吉、惟仪克行年凶）。

旬乙盗神庚响动，丁神动处六亲详，旬辛便是五亡煞，癸闭空为孤寡方。旬乙为盗贼（旬庚为响动官病忌、旬丁须视六亲、如壬癸日见丁卯、则因子动而有财之动、旬辛为五亡七煞、出逢盗贼、若并玄主走失、旬癸为门户、主煞凶祸莫测、病不食、人不言、空亡十干不到之地也、主失脱、忧喜不成、凡凶神将喜空、吉神将忌空）。

以上九位载圆图内。

干煞

阳德自居阴在合，克偏为鬼正为官，长生顺逆宜详取，禄墓须教此处看（天月干支四德为首、临日入传、转凶为吉、干德尤良、俱宜生旺，不宜休囚、忌逢空落空、及神将外战），干合者、甲已中正合、乙庚仁义合、丙辛威制合、丁壬淫佚合、戊癸无情合（凡合以干合为主、支合次之、行合又次之、元德合同入传、百事皆吉、若乘凶神、全无吉助、而反凶矣）、昼鬼主公讼是非、夜鬼主神祇妖祟（凡鬼恋生受制、陷空皆不能为害、若鬼空无制则大凶）。日官功名喜、长生诸事吉、日禄主食禄事、墓主暗昧不振（辰未为日墓、主刚远成、丑为夜墓、主柔、大凡墓逢冲则吉、逢合则凶、若年命上神、能冲制亦可救）、广按火生寅、金生巳、木生亥、水土生申、有顺无逆、此五行长生也、甲生亥、乙生午、丙戊生寅、丁己生酉、庚生巳、辛生子、壬生申、癸生卯、阳顺阴逆、此十干长生也、五行家、土寄于坤、故土行与水行同也、六壬家丙戊同宫、丁己同宫、故土干与火干同也、壬干既与火干同位、而复袭水行之生败墓绝可乎、且临官即禄、顺逆得之、既为壬式所用、而墓绝等项、何独不然、今改正列于前图之内

干奇甲日午行逆，庚日还于未顺行；飞符甲日巳逆转，己日胜光复顺征。干奇消祸增吉（飞符百事勿举、出行忌、走避出入不可抵向、如月德入传、凶中生吉、若并朱勾凶尤甚）。

游都牛鼠虎蛇猴，游都冲处鲁都来；亥申未丑酉日解，卯亥丑未日医流（游都主逢盗贼、如大煞来速、占贼来路出行忌之、鲁都不可漏税、占贼去路出行忌之、日解解凶、日医病用）。

亥酉辰申巳奸言，子亥卯申巳盗；伍日贼辰午申亥寅，贤贵丑申寅寅午。奸淫盗贼俱不言(贤贵立天门、其人可传道、二章以甲己同例起之)。

天煞亥未戌寅巳，日淫午未戌寅巳；文星亥寅午巳申，两言之此法是。日下大煞凡事忌、文星并龙加子大贵、此章以甲乙同例起之

甲乙福星子丑取(子未丑取)，子未丑巳双双语；刑冲支位寄官论，癸干亥逆兼务举（福星求望吉、刑主人情不美、冲主反覆不宁、举主兼务官职双行)。

恩赦之星本十干，禄前羊刃对飞安；进神子午卯兼酉，丑未戌辰返莫难(恩赦吉占、头号刃静吉动凶、又主血光、飞刃血光凶事、进神凡事不可退、退则可惜、退神凡事不可进、进则多阻)。

以上干煞载方图上列。

支煞

支德解凶巳顺支，木三合事有成期；支仪子日午行逆，午日未官又顺

之。支德解凶增吉、支合者、寅合亥破、亥合寅就、卯合戌新、戌合卯旧、辰合酉合、酉合辰离、巳合申刑、申合巳疑、午合未虚、未合午晦、丑合子空、子合丑实、行合者、亥卯未繁冗驳杂、巳酉丑矫革离异、寅午戌党侣不正、申子辰流动无能（凡合临日入传、和合成就、权不宜占病讼、又当视其进退、传进利进、传退利退、支仪解凶增吉）。

酉子卯午门户败，丑辰未戌墙坟坏；亥寅申巳破终败，鸡孟蛇仲季牛碎（支破人情暗中败不完全、宜散凶、不宜成吉、破碎见月煞内）。

寅巳巳申申刑寅，丑戌戌未未丑寻子，子刑卯上卯刑子，辰午酉亥自相刑（寅刑巳、官灾动阻、事复起、巳刑申、仇将恩报、事终支、申刑寅、大鬼相残、各不宁、丑刑戌、尊伤卑贱、忧囚桎、辰刑未、少凌长、主妻财畏、未刑丑、大小不利、丧孝有、子刑卯、门户败淫、尊卑搅、卯刑子、水路不通、子不轨、自刑自逞其才、妄更改）。

穿心六害暗相伤，对位支冲散事良；戌火丑金木墓未，辰坟戌土顺支详（六害暗相伤子卯示、官非口舌、未加子、阻塞有殃、丑加子、疾病不吉、午加丑、不试不明、巳加寅、口舌疑阻、寅加巳、进滞退良、申加亥、先得后阻、亥加申、一事不长、卯辰相加、虚诈争才有阻、酉戌两害、病凶阴小逃亡）、支冲子午道路奔跑、卯酉门户改易、寅申人鬼伤残、巳亥反复无实、丑未兄弟相持、辰戌奴婢离异（凡冲日卦动、冲辰宅移、生旺忌冲、凶旺宜冲、丑未主暗昧不通）。

雨师申顺滂沱落，晴朗午官日影灼；辰未戌丑寅卯排，双双雷电空中作（申为水母、故雨师起焉、此与月煞不同、三位占天时用）。

驿马诸神同岁月，白衣入翰情欣悦；从魁逆转六阴方，庄氏图歌掌内诀（驿马等详见岁月煞内白衣入翰林、详见吉祥之星）。

以上支煞载方图下列。

神煞辨讹

日月二煞，壬式所需，然百家异同，颐驳尤甚。予因博访青襄，详搜秘史，删芜就简，去谬标真，复参稽之星家历纪选日阴阳，期在符合有征，斯能用之不爽。如天喜为四季养神(春戌顺四季者是，顺十二者非)；大煞为三合旺气(正午逆四仲者是，逆四季者非)；雷公风伯，位起先天之震巽(雷公正寅逆四孟者是、风伯正申逆十二者是、余说非)；雨师晴朗，位起后天之坎离(雨师正子顺四仲者是、晴朗子日午顺十二者是、余说非)；雷动风散自下及上以逆行；雨润日喧由上及下而顺转；又娵訾次有霹雳雷电之星，析木次有南箕好风之宿，此雷风二煞所从起也（雷煞正亥逆四孟者是、风煞正寅逆十二者是)，然雷公风伯，神之号也，是以居乎先天之位；而雷煞风煞化之行也，是以占于有象之星。坎阳陷阴中，故天耳起先天坎位而居支，离阴丽阳中，故天目起先天离位而居干，此耳目二司所由附也。天耳春戌夏丑秋辰冬未，天日春乙夏丁秋辛冬癸相对者是，然坎离正卦虽定列于东西，而耳目傍官不得行乎仲位。转煞云者，言物极则必反也；春(卯顺四仲者是、顺十二者非)。四废云者，言囚死而无用也(春酉顺四仲者是、正甲顺十二者丑)。秦野有与鬼尸气，故枯骨起焉(正未顺十二者是、正申正辰俱非)；赵次有卷舌天谗，故天机主焉(正酉顺十二者是、正申逆十二者非)。四孟玄胎逢三合绝地非女之灾乎(正亥逆四孟者是、正未顺四孟者非)，登明幼子作哭忌飞魂非鬼之危乎(正亥顺十二者是、逆巳亥非)，四土之神令人昏暗，故曰逢之而迷（迷惑正丑逆四季者是、逆十二者非)；夜逢之而梦也（梦神辰戌丑未是、正丑顺十二者不用)；狴犴之司不敢当阳，故天狱居三合绝位(正亥逆四孟者是、余说不用)。地狱居四时墓乡也（春未顺四季者是、余不用)，驿马不同天猴，吉凶异焉（驿马正申逆四孟、犬猴正申逆十二不同)；天车不同关锁；占候殊焉(天车春巳夏辰秋未冬酉、关锁春丑夏辰秋未冬戌不同)。以至于天鼠起子，天牛起丑，莫不各以类相从。然鼠畏缩，猴柔贪，故退而逆行。(顺行者非)牛驯顺，羊刚躁，故进而顺转；（逆行者非)聊举数端可推其概，斯理既明，厥数亦符。此皆天地万物自然之化，非有牵强附会于其间也。放订十稔，始获小成，爰次第为韵语；既可运轮于掌上，将前歌于掌上，一句一位，移读便是，复层叠作旋图，更可了彻乎目中（转法如子年正月甲午旬甲子日、先将上位圜图以本岁加子岁驿加寅、仪神加子、奇神加丑、次将下位圜图以天喜加戌、月建加寅、月合加亥、月厌加申、成神加巳、天马加午、圣心加亥、而圜图所不能载者、则可前列方圜内视之、即此时之岁月旬煞也、具日煞则于后列方图内视之、即此日之干支煞也、余仿此)。虽不免金根之诮，或可辟三豕之讹。其于壬式，未必无小补焉。云岳山人庄广之再识。

壬归

徐伟刚　点校

《壬归》简介

《壬归》一书，不署作者名氏，从书中行文语言来看，似乎当是明清人所作。《壬归》一书至今仍然以“秘籍”式流行于民间，《四库全书》、《古今图书集成》、《四库未收术数类众书》等都未曾收录此书，可见此书之珍贵。

《壬归》一书共分七卷：

卷一：提纲例约，基本是述说六壬课传、天将、八煞之基本吉凶准则。特别是“理气象类说”，更指出壬占“理”“气”“类”“象”之间的本质关系，尤其启迪意义。

卷二：壬占易简例约。讲述占例“求财”与“扣门”之基本方法，由中引出壬占方法论之基本思想。

卷三：谋望门。着重研究“谋望”此一壬占方法，分为“成象”“通象”“推类”“引申”四块阐述，条分缕析，直指法窍。

卷四：婚姻门。着重研究“婚姻”此一专题，分为“干支正象”“三传变象”“品貌根源”等七个部份，纲举目张，研究透彻。

卷五：农事门。着重研究农业生产占测方法。

卷六：出行门。着重研究出行此一专题，尤为精详，理法俱备。

卷七：三才门。专门讲述壬占变法，以类神三传来占事，活变不离规矩，方寸尤其见地。

《壬归》一书篇幅虽然不是巨大，但其所展现的壬占思想与取象法则乃是古今壬书中第一高明者。《壬归》一书对壬学基础理论与应用这二端之间进行了强有力的链接，是研壬者研习六壬的最好参考书之一。

徐伟刚2010年6月于北京

卷一　提纲例约

壬之有纲，犹裘之有领，振裘者必挈其领，言壬者当提其纲。维纲云何？曰四课也，用神也，三传也，天官也，八煞也，如斯而已。虽然知四课而不知加临之变，不知四课者也；知用神而不知五气之殊，不知用神者也；知三传而不知制救之情，不知三传者也；知天官为万类之主，而不知三才之用，不知天官者也；知八煞为经纬之需，而不知制化之妙，不知八煞者也。操而存之，是为提纲；神而明之，是在人矣。

一、观四课之加临

凡日上神生日，谓之益气。益气者，有益于我之气也；得之者，遇灾不凶，凡事皆吉。故曰：上神生我为益气，来扶来助。

凡日生上神，谓之脱气者，脱耗于我之气也；得之者，事多脱赚，得不偿失。故曰：我生上神为脱气，劳心劳力。

凡日上神克日，谓之损气；损气者，有损于我之气也；昼为人损，夜为鬼损；旺相犹可，囚死难当。旺相为官而君子得之，则为官星临身，进取求官反以应吉。

凡日克上神，谓之制气；制气者，受制于我之气也。气为我制则使令惟命，而惟命是从者，其先于财？故曰：我克者为财，然而得吉神旺相，方可言财，若将凶神死，内外刑战，则为财神受伤，反主伤财。

凡日上神生辰，辰上神生日，谓之人宅相生，彼此受益。

凡日上神克辰，辰上神克日，谓之交克，人宅相伤，宾主不睦。

凡日辰皆自生其上神，谓之上脱，则彼此被上人脱赚；而上神又生天官者，则为脱上逢脱，其脱更甚。故曰：脱上逢脱多虚诈。

凡日生辰上之神，辰生日上之神，谓之交脱；主东得西失，辗转脱财。

凡日辰上神各与日辰作合，谓之互合，或交互作合，谓之交合；惟宜和合圆成，不利解脱分散；但合中有刑有害，不可不熟审。

凡日上神墓日，谓之本身逢墓。故曰：华盖覆日，如雾暗室；旺墓犹可，休囚更甚。

凡辰上神墓辰，谓之家宅逢墓。其家必住墓库阴僻之地，休囚为墓，旺相为库。

凡日加日墓之上，谓之将身投墓，有甘心就罪之象，不利有攸往，不往何灾也?

凡日加辰墓之上，谓之移家就静，有散屋与人之象，舍己以从人，甘就其侮也。

凡日辰上神各与日辰刑者，或交互刑害，则有彼此猜忌之象。

凡日辰上各见日鬼辰鬼之墓者，则主凡事不明，最为凶兆。如木日以丑为鬼墓之类，金神克木为鬼，丑盖金之墓神也。

凡辰加日上被日克，所欲不求而自得；财来就人，气旺更吉。

日加辰上被辰克，屈身取侮当自责；自取乱首，咎不在人也。

日加辰上辰生日，俯就他人求所得。

辰加日上日生辰，万事徒劳总不成。

辰加日上辰克日，卑下犯上非美德。

日加辰上日克辰，用力于人事始成。

辰加日上辰生日，任意求谋百无失。

日加辰上日生辰，虚费心机百不成。

凡日上神旺日，最宜守旧；如木日以卯为旺神之类。

日上神为日禄，主有荣名；切不可舍此禄神而别求动用。

日上神为驿马，君子升迁，小人身动。如子日马在寅之类。

日上神为日德，最利进取；如甲日德在寅，支德亦吉，子日德在巳。

日上神为日败，事主败坏，凡事皆凶。如木日败在子，支败亦凶。

日上神为日绝，凡事结绝；如木日绝在申。

辰上见日之禄神，尊屈于卑贵以下贱，权摄不正。

辰上见日之官星，贵人进阶，常人招讼。

日辰上神互换相冲，宾主不投人情不美，与反吟同。

四课不合，事不满意，求谋不成。

日上神为日鬼，最为不吉。

日上魁罡，事不由己；辰上魁罡，家宅不宁。

辰上空亡，或见天空，多主戏谑。

日辰上见刑害，人情不美，凡事不宜。

凡日课为主、为尊、为人、为动、为远、为高；辰课为彼、为卑、为地、为静、为近、为小。上生下则利，我生彼则不利。

凡日上神为太阳，身近恩光，最为吉利。

凡辰上见月宿，为凶神入宅。月宿，太阴也。正月起危，二月起奎，三胃，四毕，五井，六柳，七张，八翌，九角，十房，十一箕，十二斗，日行一宿，遇斗重留，见觜不用。

凡干上有鬼，而辰克去之；辰上有鬼，而干克去之，皆为吉占。又看为何神以定休咎。

二、察用神之生克

发用之神，主事之吉凶成败，以旺囚决之

凡用在日上两课，为外事，主远，主去；用在辰上两课，为内事，主近，主来。

用起上克下，卑幼有灾，事从外来，占利男子，兵利先起。

用起下贼上，尊长有危，事从内起，占利女人，兵利后应。

凡用得太岁，事在年中；用得月建，事在本月；用得旬首，事在本旬；用得节气中立之首，事在半月之内；用得本日之干，事在本日之内；用得气首，事在五日之内。

用临死，其事必止。如木用而临在午上也；发用临败，其事必败；发用临绝，事结、人信至、病死；发用临墓，事必隐晦。

凡用神冲日、破日、刑日、害日，则自不安稳：用神冲辰、破辰、刑辰、害辰，则家不宁静。

若用克四课内之六亲，即以言吉凶。如甲日以土为财，四课内有土而用神寅卯克去之，则无财矣。课内本无其财，则不得言克财，六亲仿此。

凡用神下临克地而上神又来墓用，谓之仰丘俯仇；上神即中传，即用神之阴也。

凡用神克太岁，主岁中灾；克月建，主月内灾；克旬首，旬内灾；克日干，忧己身，主身动及公讼；克日支，忧妻妾卑下及家内不安；克占时，主心动忧惊；克行年，谋事不成；克本命，命运颠倒。然须视其克日克年克命之神与日果为何类，若系日鬼则为身灾；为日刑则防刑责之灾；带驿马天马，则防车舟倾倒扑跌之灾；带血支血忌，则防血光之灾；带官符病符，则防词讼疾病之灾；带天鬼月厌，则魑魅怪异火独之灾。惟为财所克，则反利求财；日禄所克，则反利于禄。惟刑克两字为壬式关键，惟日干行年本命为己身休咎，而岁月旬不过论其灾发之岁月。

凡用神得四时旺气者，主有喜庆；用若临于旺气之上为其所克者，则主官非，旺气所胜忧县官也；如春占用木则为旺气，如用土临木则为旺气所胜矣；忧县官者，县为守土之官，古之诸侯也；气旺当建而有侯象，而谓之建侯也。用为建侯所胜，故有忧也。

凡用神得四时相气，为益财；如春占火用是也。用若临于相气之上受其伤克者，则主失财。盖相气为四时子孙生财之神也，故主益财；子孙之气反来伤用主失财，相气所胜忧钱财也。

凡用神得四时死气者，为绝灭，如春占土用是也。用若临于死气之上受其伤克者，则有丧亡之忧。盖死气即是四时财神，财为养命之源而反伤用；用事之机也，其机如彼则无以养命矣；故曰死丧，死气所胜忧死丧也。

凡用神得四时囚气者，为败坏，如春占金用是也。用若临于囚气之上受其伤克者，则有刑狱之忧。盖因囚气即是官鬼，官与鬼惟狱讼首畏之；临于其地而受其所胜能无凶乎?囚气所胜忧刑狱也。

凡用神得四时休气者，为败坏，如春占水用日也。用若临于休气之上受其伤克，则有疾病之忧。盖休气即是四时生神，生乃生身之本而反伤用，则生无所恃而败坏随之矣，故忧疾病；休气所胜忧疾病也。

故曰：旺发言官事，妻财相气论，死言丧祸至，囚动见官刑，休来忧疾病，诸家卦备陈。若只以用神而言，而不论其所临之地则失之矣；乃有以日干求五气而不从四时者，谬之甚也。

凡用神得相气为气至，其事将来，宜占进取；用神得休气为气谢，其事已往，宜占既散。

凡日鬼为用，事败忧生。若用神自临克地，则不能为灾。

凡日墓为用，凡事不发。若墓为用神下临长生之地，则旧事再发。如甲乙日小吉为用，下临亥水之类是也。

凡日刑发用，百事不利；日冲日破发用，虽得必失；日害发用，凡事疑阻，得不偿失。

凡空亡发用为本身空，忧喜俱不成，托人多诈，闻事不实，求脱忧未能脱，小事出旬可望，大事终久难成。

凡日干之同类发用，事多兄弟。用若下临克地，则事不由己。

凡天官下生用神为得道，得道多助无所不宜。用神上生天官为失道，失道者寡助，所作者违碍。

凡用神下临克地，而天官又下克之则为夹克，凡事逼迫不由己身，吉不成吉，凶则大凶；如功曹临申发用上乘白虎之类是也。

凡用神下临生地而天官又下生之则为比和，吉事顺美，凶事有救；如功曹临亥发用上乘天后之类是也。

凡地盘克用神，用神克天官为内战，祸患难解，事从内起。天官克用神，用神克地盘为外战，凶祸易解，事从外来。

凡用被下克上乘凶将则凶动，若末能制克用之神，可以反凶为吉。

凡用神空亡而所谋不成，所忧易脱，其事不实，其人不来。

凡以用神与所临之辰相因而言数目，如神后加未为用，子数九未数八，八九相因而为七十二数之类是也；若发用作空，则当别取类之上下而因之。

凡德神发用，事成凶散。

凡日辰之上见凶神恶煞如日鬼日刑之类，而用能克去之，则吉。

三、明三传始终

凡初传吉末传凶，事主先易后难；初传凶末传吉，事主先难后易。

凡占进取，而三传渐见有气者则为吉。如春占初得亥子，末得寅卯之类是也；若渐见无气，则宜守旧。

凡占脱散，而三传渐见无气者则为吉。如春占初得寅卯，末得亥子之类是也；若渐见有气，则有事难解。

凡初传在日前一位，末传在日后一位者，谓之前引后从，主有升官迁秩之喜；引从地支者，则有迁居修宅之庆。

凡三传不离四课者，谓之课内藏，占吉占凶皆有成就之象，故凡病讼忧产皆忌见也。

凡三传与日辰互换作合，事主反复不定牵连不了。

凡三传俱为日干之生者，谓之益气，凡占俱吉。如甲日占，三传申子辰之类是也。

凡三传俱为日干所克，谓之全财，财多反为不美。如甲日占，三传辰戌丑未之类是也。

凡三传俱克日干，谓之全鬼，鬼多亦为不吉；惟四课上原有制鬼之神，始可转凶为吉。如甲日，三传酉巳丑之类是也。

凡三传俱受日干之生者，谓之全脱；请托多虚谎，谋事多不成，忧病未得脱，干求多费力。如甲日占，三传寅午戌之类是也。

凡三传与日辰互作三合，而内一神空亡者，谓之空合，吉凶俱主不成。

凡三传俱阳，事必显著；三传俱阴，事必隐秘。子寅辰午申戌为阳，丑卯巳未酉亥为阴。

凡三传初生中，中生末，末生干；或末生中，中生初，初生日干者，事必转相提携，委曲成就；逢空亡则仍有名无实。

凡三传末克中，中克初，初克日；或初克中，中克末，末克日干者，则则必辗转牵扰，递相欺凌；事败、求无、讼刑、病死；虽不克日，亦有其象。

凡三传自干上发用传归支上者，必是我托人干事；自支上发用传归干上者，必是人托我干事。

凡初为长生末为墓者，事主先易后难，初吉后凶：初为墓神末为长生者，事主先难后易，初凶终吉；惟三合局有之。

凡三传合住，冲日方动；三传相尾相冲，合日方住。

凡三传传进作事宜进，吉凶亦渐进盛；三传传退作事宜退，吉凶亦渐退散。

凡三传初末同辰，凡事宜。

凡三传间位，事多阻隔。

凡三传冲开课中之墓为吉兆，然一冲不能破二墓，不可不知。

凡三传不在四课之上者，事必难成。

凡三传魁罡凡事不安，然而魁罡所指鬼神不能为祸。

凡三传同日为身强，同辰为客盛。

凡三传得见日干者，谓之三传朝日，其吉其凶不能逃避之象。

凡三传见于日辰之中，谓之夹定三传。如乙丑日干上巳，三传寅卯辰之类是也。凡占者皆有吉不容避凶不可逃之象，病讼产忧产皆忌见之。

不拘日上辰上，但见一空便为空矣；则有将得复失主象，凶不至死亡，吉亦不成大喜。

凡日辰夹住三传，前后尚虚一位者，谓之虚一，则有小节不完之象。然须看虚上所得何神，与日干果为何等亲属兼以天官言之。假如所虚为日财，则必使钱不到；所虚为父母，必是文书欠缺之类。如丁卯日干上申，三传辰巳午，虚一未字，未为丁之子孙上乘勾陈，勾陈主田土，必是子孙田土不及之类是也。若占人年命填而实之，则又不为虚一之类矣。

若日辰之中止有两传，而有一传透出在外，则为透关之格，须观所透者于日干何等亲属以断之。

若透出为凶神，凶神去矣；透为吉神，吉亦去矣。如甲子日干上丑，三传子亥戌，子亥二传居日辰之中，戌则透出在外，戌为日财上乘玄武，主有失财之事之类是也。凡得透关之格，而中传见日，尤为紧要。

凡初见日干之墓，中见用神之墓，而末能冲之，谓之破墓，可以吉言。

凡初有凶恶，末克去之，则吉；初有凶恶，又克其末者，必凶。

凡中见日墓，事当中止；中见日破、日冲，事必中坏；中见日害，谓之折腰，事当中阻；中见旬空，谓之断桥，事主中断。

凡末见中传之鬼，谓之传中藏鬼，末为事之结果，最为紧要者也。

凡三传俱空，则百无一实，盖两传空亡，又遇天空也。

凡三传之中二传遇空，只以不空者言事。如初中空，以末传言事之类也。

凡用神可解日辰上之凶，末传可解发用之凶，行年可解末传之凶。

凡末空谓之传入空亡，吉凶到后皆无实际。

凡三传互刑，则前有凶神而无人制之，皆凶兆也。

凡自死气传生气吉，自生气传死气凶。

凡三传所属五行皆当与日干较取六亲，如甲日见太乙为子孙，见大吉为妻财，见登明为父母，见从魁为官星，见太冲为兄弟之类。

凡占须以类神为主，如占失脱则以元武为类，式中不见元武亦当视之以言方向色目。故曰：所筮不入仍凭类。

凡类又不宜执着，如占家宅而白虎临寅作鬼，当以栋梁损折断之；若系占财则又不当作如是观矣。故曰：非占现类莫言之。

四、定贵神吉凶

凡占必以天官为万类之主。如占盗贼视元武，求财视青龙，文书视朱雀，干贵视天乙，怪异视螣蛇，争斗视勾陈，疾病视白虎，婚姻视六合，饮食视太常，奴婢视天空，阴私视太阴，妇女视天后之类，然此特其大略也；触类而长之，则有不可胜言者在焉。凡类虽以发见为主，见则所求易得也。若课传无类，亦当视其方位以言吉凶，主其情状则当视其阴神，阳现其象情归于阴也。

凡天官所乘之神虽吉，若临刑克之地则亦不吉；天官所乘之神既凶，若临受刑克之地更凶。

故凡天乙临刑，为患非轻。如巳为天乙加临寅上，寅刑巳也。天乙临害，小事成大；如子为天乙加临未，子未相害，未又克子也。天乙坐狱，干贵必辱，贵履辰戌也。贵人临空，虚喜无功，天乙乘神加临空地也。惟天乙临日谓之临身，最吉。

凡天官既凶而又加临死墓绝地者，更凶最不利。如白虎凶将临寅为绝、临子为死、临丑为墓，值此则为祸更深；余凶仿此。

五、判八煞吉凶

干有德合鬼墓，支藏破害刑冲；看其旺相空亡，定其往来生克。合乃完成，德为庆会，鬼主伤残，墓多暧昧，破知损坏，害见侵凌，刑分强弱，冲不安宁。旺相察气于四时，空亡主事于一旬。往来定远近之期，生克分父子之亲。

德神临日，凡凶化吉；发用制之，反为不吉；若遭夹克，谓之灭德。

凡德神临于日鬼之上又与日鬼作合，谓之德化为鬼，反吉为凶。

凡德神为空、受制、遭刑、被害，皆不能为福。如甲日用寅为日德，而寅上见巳则为德神被害，见死墓绝者，例亦如此。

凡八煞制化，若临陷地则不能为祸福。

卷二　壬占易简例约

一、理气象类说

壬，数学也。易以理著，盖先天地而有，后天地而彰；数则理之所彰，而万象寓焉。万象者，天地之化体也。天地虽大，咸有一理，况化体乎？

起于一，终于十者，干之数，天象也。起于一，终于十二者，支之数，地之象也。扩而充之，象则弥纶于天地间而无一物之遗，谓非象生于数不可。天尊地卑，天动地静，而尊者为君、为父，卑者为臣、为子；动者为客，静者为主；动而客者，为身为人；静而主者，为宅为物；种种非一，皆类也，谓非类生于象不可；是故舍数而言象，象无其本；舍象而言数，数有终穷；舍理而言数，数不几隘乎?壬以数名，而可仅以数言乎?象与类无物不赅，而理则简且易，此壬之所以大也。

然而定理之中又有气焉，气者盖权衡于理之圆机也。所以然者，事因有当然之理，无必然之气；气苟弗应，理亦宜然，象类空悬已耳；谓非理权于气不可。盖气在两间，而身与万物咸位乎中，故无适而非三才之用，无往而无覆载之机也。盖凡气之见乎天上者，随四时而递迁曰五气，旺相死休囚是也；见乎地者，随吾身与应责之类而始定十二气，长生、沐浴、临官、帝旺、衰病、死墓、绝胎养是也。二者之气，取用虽殊，于理则一；而吾身之与万类，得气则吉，不得气则凶，两言决耳于戏!

类本象分，象因类著；理以气应，占以理求，壬占之法尽之矣，宁不易简乎？是故谬列占例，以昭易简之端；引伸触类，神而明之，存乎人矣。

二、占　例

占例一：求财

例亦伙矣，而首以财言者；何也?盖财在庶人则为养身亲上之源，在国家则诚富强生聚之本，谁曰细务?岂遂移之?求而有占，务适宜当理而无后灾也，岂喻利云乎哉?

求财之占，先以青龙为主而俯仰视之，得气无伤则吉，否则凶；盖龙为玉帛钱财之类将。求类于将者，法视乘神与将较，若不内外战则神与将和，将有喜而无忧皆为得气。得气者，将得气也，得气则吉，吉云者何?类能为吉于人也，吉则可求。凡内外战皆为不和，将则有忧而无喜皆为无气，无气则凶，凶则不可妄求。然而内战其将者，忧重；外战其神者，忧轻；轻犹可图，重则难望；忧虽在将，人亦不能无忧也。

类神之气则又在地，类神者，类将所助之神也。故凡类神所临之地有十二气，而神与其地较旺衰。盖凡下临有气之地则财强，长生、冠带、临官、帝旺是也，谓之四吉。下临无气之地则财弱，沐浴、衰、病、死、墓、绝、胎、养是也，谓之八凶。

凡神将既和而又下临吉地方成财象，财象既成，此财可求；神将不和而又下临凶地，财则无象，财象既无，求之何益?

神凡内战其将者，即下临生旺亦非吉象；盖生旺气神自当之将无与也，夫以得气之神内战其将，则类将之气益弱，其忧更重，何吉之有?

神凡下临空地，而所空即为四吉，亦非吉象，盖既落空，有财尚当防损，况本无财而欲往求乎?惟神生其将而神自作空者，尚有出旬之可望；盖出旬则空者填实，故犹可望也。

地之十二气吉凶于类神者，虽各有象可按，然只吉凶两象而已耳；分而玩之，各有其情，未可漫忽。

盖凡长生则有生生不匮之义，求财皆吉，而将本求息之财更相宜也。沐浴则有涣荡消除之义，气当其败，无攸利也。冠带则有庄严整饬之义，冠冕峥嵘之财可图也。临官则有显荣利达之义，官贵公府之财，咸所宜也。帝旺则有当时乘势之义，财关邦国靡不从心也；惟是日中则昃月盈则亏，知者虑焉，若复悠泄从事则恐坐失机宜，时不可失，悔何及矣！衰有日消月耗之义，凡财早图或有成机也。病则奄奄困顿，弱何如也?死则有去无来，哪有生理?望宜止也。墓则财神归库，遇有刑冲，库藏秘器之财犹可图也。惟绝则有复生之理，自绝而复生，尚需时日，自非一蹴之可就；而凡割绝之财或相宜也。至夫胎养之气，则诚微而又微，虽有几望，诚不可过赊也。十二气之所攸关类神，如彼其琐而可漫言乎哉?是则所谓俯察以占地理之何若也。类地之气虽有其征，而天心在上，正未可知，类苟得气，则天不从人，其如天何?故云须仰视而细察之。盖类神之上各有天神，神各有所乘之将，将主其事而神司吉凶；或吉或凶，天之心也。天不可测，而推类上神将是以测之，故须仰视。盖在天神将，临其类神，紧关休戚，而于吾身之吉凶可否，复有攸关。所以然者，财之有无多寡，虽在类气之得失，而求之可否，身实主之，从违缓急在我不在龙也。法曰：阳见其象而情归于阴，凡类上之神谓之阴神，而曰类阴；阴者，事之主、天之心也。盖凡阴乘吉将气旺扶龙，则知天心佑类，而有默扶阴益之雅；阴乘凶将气囚制类，则知天意劫财而有耗分攘夺之虞；阴生日干及能生合日上神者，取之无咎；阴克日干及并刑害日上神者，妄取必有他殃。欲知殃于何事，即视类阴所乘之天官：如虎主疾病死丧，蛇主惊忧怪异，玄主逃亡盗失，勾主争讼，朱主口舌，天空欺诈之类，所谓将主其事，神司吉凶也。

类阴之气迟速攸关，旺相休囚四时递转，惟气在天，而天实司之，故在天神将，得以代天而司化，应则化之，所见端也。故凡阴乘四时旺气者，吉凶之应必速，相主方来而尚未来，休为已过，囚死必迟；至空亡之气，迟速两端俱无足道，是皆仰观以测天心之若。

财与吾身，又须较重。

盖财旺必须身强，身弱财强，财虽满前，无力可取，须待生旺吾身之时，方才可必。财弱身强，我志虽雄，财犹恍惚，亦须待生旺财神之候，始可言求；对待之象不可不知。

盖寄干为求者之心，上实有天，而天心未可料也，是故亦仰观以察之。

盖凡寄干之上乘吉气旺，则身强谓之无伤，伤则身弱；日阴所主者，我之情思心腹也，与日神交相生旺或能生合日干，则心腹可凭怀思无疚，反身而诚，无施不可；否则切己之忧，殊可虑也。

欲知强弱于吾身者，即视日上神所乘之天官。

欲知所忧于吾身者为何事，即视日阴所乘之天官。

至夫神煞，亦须搜讨；煞历俱在，不可诬也。神煞者，天神所乘之煞也。

吉凶可否之实，惟煞主之，故曰：将无神不灵，神非煞不显。煞云者，确实无疑之辞也。顾名思义，象自昭然。

日干所临乃吾身游行之地，凡占有动便须视之。求财动占也，故又当俯察，以观动之宜否。

盖凡所临之地，不刑不克，非败非空，而且或相生旺则为得气，游身得气，无往非宜，否则未宜轻举妄动招尤，徒自苦耳。

日支之象与财之人，所乘之天官乃其职事，寻类而求，洞如观火。如太常之类为尊长、为眷属、为武弁，类推可知也。以其所乘而求五气，则伊人之贫富贵贱老少晦明，无不可知，而其状貌衣饰亦无不可知也。例详中黄。

辰阴所主，亦即伊人之怀司心腹，而喜忌系焉，盖凡阴神生旺阳神者，伊人之喜不难于从事；刑害破冲者，伊人之忌弗克惴裁；欲知喜忌之为何人，即视其阴所乘之天官。

凡支干为上神所制，或支干上神为其阴神所制者皆为有伤，伤则不能无所畏忌，故曰干伤，则有所畏而不能取，支伤则有所忌而不敢与取与之义，全决于斯也。

迟速之应，决于三传；传不逢财，惟用是责。

凡财神得气无伤，而且见于三传中者，法以次第传之，末传是应期。应期者，克应之期也。

盖初为发端，类见必速；而乘四时旺气者，更速。相则稍缓，死囚休气，亦以迟言。中为移易，类见而旺，其应亦缓。末为归计，类见而旺，其应必迟。然若传归日干之上，而或入宅临门者，反当以速期之。是故迟中有速，速有有迟，不可不察也。

凡财不入传而第责龙神于闲处者，则当寻视发用。盖用者，实事机之先兆也。凡用为岁建，则从岁取期；用为月建，则从月取期；日时亦然，气旬候首，无不皆然。所谓起岁年华间，逢蟾月里寻，云云者也。

然以岁期者，尚当有所应之月；以月气旬候期者，尚当有所应之日；以日期者，尚当有所应之时，而可不知乎?然而又有说焉。财弱者，宜从财言；身弱者，当以身论；分而求之，应期确矣。

数目之端，先天是责；新旧之故，孟仲季言。

凡此四者，法以类神与所临之地较之。盖数目者，财之数目也；新旧者，财之新旧也；故不必他求，而惟类是责，地即财之着落处，故须与地相较。

甲己子午九者，先天之数目也；相因而言，乘除之定理也。财旺则相因而倍进，财相则计其所因以为数，休则计其应得之成数而不因，囚死则不惟不因，而且减其成数之半，是又先天之活法也。因法云何?如财神之数为九，财地之数为八，八九相因为七十二之类；类推可也。至于财神财地各有应建之干，计其成数而与财神财地应得之数，合而计之数可知也。

建干惟日，不须复建，盖日者吾身也，财则吾之所求也；多寡有无，皆吾身气类使然。建实吾身之气数，自无而有，故当计及。至夫复建，第求鬼之党救于时中，非为求财设也；所以财之数目不在复建，年财暗财，皆所当知。

年财者，行年上所见之财也。凡年上神为年所克，谓之年财；盖即年中应得之财也。然惟乘龙得气旺相不空方有是象，故曰求财视龙，旺相相逢；日年传用，此外难同。又曰：日克青龙为财，年克青龙为尤利。盖日与行年互相表里，故兵占每言日年而不言命。凡龙神所建之干谓之暗财，而中黄反以真财目之，所谓自然而有紧关吾身之气数者也，何可不求?故《神书》云：明无财神而暗建为财，则亦可以求财。

至以生旺墓皆为暗藏之财，则谬矣；何也?明莫明于旺，旺既为财彰明较著，而可暗言藏财乎?惟库墓两神，暗藏之象始确，然其间又有生克制化之不齐，步移形换而可即言暗藏乎?

如甲日求财，以土为财神，青龙为类将。丑土为贵人，丑贵顺龙乘胜光，逆则龙乘传送；未贵须龙乘神后，逆则龙乘功曹；终无土龙之时，龙非明财而责暗藏之财于生墓非法也，责真财于初建之干亦非法也。

以财之生处言，则土生在申，而传送乘龙既战青龙，又日干反遭类神所刑克破冲空，凶极矣，患莫大在焉，财生之乡，其可恃乎?

以财之旺处言，则神后乘龙有生无战，类将有喜而无忧，类神神后遥生甲木，日干无凶而有吉，且神后建甲比旺助日，公而不私，尚可目为暗财乎?惟是财神带败，未免小疵，盖神后子水也，甲与青龙咸败于子，因防而数防焉，则得之矣。或曰：神后在天，随四时而观五气，哪可言败?呜呼，气虽两端，其利则一。《金绳》云：苟得其同，虽远必合；苟失其同，虽近不亲。如甲日求财，龙居水火而见用于中，虽近不亲也。盖水即神后，火即胜光也，木败于子死于午，虽见用而不亲，气化圆通，妙理自出，岂可胶视乎?

以财之墓处言，则土墓在辰，甲日无乘罡之龙，有是理无是象。法曰：万物不离生旺墓，盖生旺墓五行之三合也，五行不能离三合而收化育之功；万物化育于五行者也，能不从三合而责类乎?气二而理一，可胶视乎?

财虽类龙，占情非一；情类阴阳，兼求不失。

盖青龙财帛之通类也，其余天官辨物之分类也。通类为主，分类为宾；阳见其象，情归于阴；故当兼求。按《金绳书》云：求财专视青龙则失之拘，遍推寻而无所主则失之荡，合阴阳之感，通宾主情分，庶几得之。呜呼，占财之法，尽乎此矣!

盖其所求者，贵人之财则兼视天乙，炉冶之财视螣蛇，文书之财视朱雀，交易之财视六合，争讼之财视勾陈，欺绐之财视天空，疾病死丧之财视白虎，尊长之财视太常，不正之财视玄武，阴私嘱托之财视太阴，妇女之财视天后；至于将本求利之财，惟视青龙可耳。

此以青龙为主，将为宾，主既得气而宾亦无伤，所乘之财方能类应。如以文书之财而言，青龙不拘藏现得气无伤，而朱雀恰为发用，即非发用而居有气之乡，不伤日年，是能为吉于人也；朱雀之阴不伤朱雀，是阴阳和合文书有气也；阴神不伤日干是身与类和，文书之财可取终无他患也。若三传递生朱神，而朱神恰为日年之财，则众力相扶，财必丰厚。

若朱神虽能生旺日年，虽能为日年财神，而其阴神反伤日年者，其财必不可轻取之，必有他殃。欲知殃于何事，视其天官；欲知取与，分视日辰。辰伤则其人必有所忌而不敢与，日伤则吾身必有所畏而不敢取。凡类皆当作如是观，不独文书之财为然也；畏忌见前，兹不重出。

约而言之，首责青龙为财将，次责明暗财神，又次责所求物类。若财将所乘之神恰作日年明暗之财，而气旺无伤自强无患者，求之必得，取之无患。取与之机视四课，克应之诀决于三传。气旺则财大而速，囚死则财少而迟。财现则易，财藏则难。财落空亡，不惟难求，且防失耗。孟仲季关新旧，数目当问先天，易简之道，尽乎此矣；理气象类，宁有他哉?至于财神乘马带丁，最利远动之类，皆以煞言矣。煞历俱在，无庸赘及矣。

占例二：琐占约云

求财视龙，旺相相逢；日辰年用，此外难同；财神虽现，财阴须善；龙财旺方，往来诚便。

凡占求财，首视青龙者，龙为旺财之官也。龙乘旺相气，见于日辰年用，方为入式，旺龙入式，求必遂意；故曰相逢。现于中末，应则差缓，见于闲处，迟而且难，故曰难同。相逢即是类见，日辰年用即是类见之方。难同，即类阴神见之难同，盖言不可同日语也。

若龙不入式而其所乘神与日生合，则亦谓之有路，有路而气旺，所临之地又不空伤，龙之阴且复有益于日无损于龙，求之可得也。

然须财透露旺相不空，方可必得，而惟财之阴神益日者，方堪进取，否则皆为妄求；妄以求之，反生他患，若青龙更作财神者，求之尤易。

日克青龙为财，年克青龙为尤利，故青龙若作财神者，求之尤易也，日年顾可分视乎?

兵法云：日年制武利用兵者，亦此；然其间亦有远近巨细之不齐，盖年远而巨，日近而少也。

亦须视其所求者，果属何类，类若凶伤，总非吉象。如欲谒贵求财而天乙处非其地，求之何益?即令得地得时，而于我却不相投，亦无益也。

若或无财现而遁得财干，财干所乘之神与我作合，而子孙得地，无伤则易可以往求。龙财旺相之方，即其宜往之地，故曰：求财须向龙行处，龙若休伤枉费心。

入手之期即视财气。凡财乘四时旺气，则以财神墓绝之日取期；财乘四时休气，则以财神生旺之日取期。

财有生旺墓之不同，不可不察。盖旺即财神，无烦说矣。惟生墓两神，人尝忽过，生为财源，墓乃财库，源宜流，库存宜冲，两言而尽矣。盖源中财，疏之则流；库中财，冲斯动矣。

财神有五，而年上不与焉；五财者，时用日辰命也。

时为日财，为时下近小之财。用为日财，为开手便见之财；乘吉旺相，则取期从速，为数必多；乘吉化衰，则取期缓，为数亦少。日上见财，为就身之外财，亦为己财；辰上见财，为现成之内财，亦为彼财。内财见于日上，宜出财经商；外财见于辰上，宜入财坐贾。命上见财为命中固有之财，取之不穷。日上神制命上为财，乃谋运生发之财，图之最易。故曰：求财切紧视三财，日辰命上细推排。又曰：财临辰命最可喜，二德生逢兼与比；此去求财财必多，上神与日皆堪拟。

岁月建为日财，其财必大。二马六丁为日财，其财必远。财作空亡，近小虽出旬可冀，求难满望，远大则财空可虑，到底无形也。财在岁月建上发用者，即以岁月取期，旬候日时类推可也。

财上天官主财之类，财阴神将休咎之根；辰上天官与财之人，辰阴神将喜忌之本。盖凡财神发用，而欲知其为何如之财，则视财上所乘之天官，财之阴神生合，则吉无不利；若财阴伤财，当防分夺，财阴克日，后必有灾；欲知灾于何事，则视财阴所乘之天官。辰为他人类位，故视辰上所乘之天官，未必皆吉神。辰上天官即其与财之人也，辰上阴神又其人之喜忌所关。若辰上神为辰阴所伤，则有所惧而不敢与；欲知惧于何事，则视辰阴所乘之天官也。

约而言之，首视青龙，次视财神，又次视类神；以及发用、日辰、年命、课体，皆所当求者也。龙神喜其生旺，忌见刑战，日辰喜其生合，忌见刑冲；用神喜其吉旺，忌其凶衰，年命课体喜其扶救，忌其伤残；至于龙财用类之阴，则皆互有关节，不可忽也。

占例三：叩门占

凡以日干为叩门之人，而视其上神以观其之善恶。盖日干主动，动者为客，日上神将有善有恶，客固不能自掩而欺人者也，故以责之。

凡以行年上神为我，而与日上之神较论休咎。行年者，吾身之年运也。日上既属叩门之人，则年固属我，为休为咎，相关最切，故须较论。不责辰而责年者，辰泛而行年则专也。

盖凡日上吉旺则为善人，而又生合年神则必有益而无损；日上凶衰则为凶人，而又刑克年神则必无补而有伤。若更究其所乘之天官所遁之天干，则喜恶之故，与夫衣饰行状皆可悉也，然须考诸用传，方无遗漏。

卷三　谋望门

一、干贵求财

谋望之占，种种不一；占情物类，各有其宜；循类察情，无烦说矣。然惟势利两字，诚世道之所独先，谋望之所最急者也，故又于干贵求财，首出而致详焉；苟能握其关键，悉其肯綮，则一纲举而万目张，诸占自无棘手处矣；引伸触类，其在人乎?

夫以干言，干亦有人，非徒干也；以求言，求亦有人，非漫求也。人我错陈，则对待有象，吉凶可否，当从成象间首求之矣。成象之端，先于日辰，而用传年命则又扶救始终之通象也。以贵言，贵有其类；以财言，财亦有类；而无气有气则又克应之所必需者也。

二、成　象

日动为我，辰静为人；辰上神以之观人，日上神爰以观我。我往干人，动象也，故为干，生合则吉，而将吉气吉者更吉；战克则凶，而将凶气休者更凶；相刑则不投，相冲则难合，害则有阻，破则无成；乘临固所当详，阴神亦须兼视（旺休以五气言，即神将言）。

盖辰伤则彼身正当偃蹇，安能舍己从人，若更囚死空亡而或脱伤互见，往无益也；日伤则我事方切乖张，何暇洁身他往?若更凶空无气而或刑害交陈，徒自惫也。

若辰上神生合日干而阴制之，则其人虽有相为之心，返我畏忌而不果，未可恃也；辰阴所乘之天官即其所畏主人所忌之事。如阴乘太常则□父母尊长之畏，乘天后则有妇女之畏，乘太阴则有兄弟之畏，乘勾陈忌争斗之事，乘朱雀忌口舌之事之类是也。若辰阴生比辰阳而与日干作合，则彼中必有相为之人暗中撮合可之恃也，撮合之人，亦即视之所乘之天官。

此诚对待大体，理所当然而势所必致者也，故为成象。凡事关人我而有对待之象者，皆当从此求之，宁惟谋望哉?盖大体之吉凶既定，然后可求通象，以言扶救，以决始终，故用传命年继夫成象而遂及之也。

三、通　象

休咎之几，关于发用；转移之妙，乃属中传；末为底止之乡，式中所系；传有出入之异，生咎攸分。扶救虽在用传，紧关则由年命；凡占皆当详所以谓之通象。

盖发用之神乘吉气旺，而又别无伤损则以吉应，其所应者当以速言，气旺故也；囚死乘凶而乃遂遭战克，则以凶应，其所应者当以迟言，气休故也。吉则从之，凶则违之，空则靡象，吉凶无成，非所论矣。气之衰旺，亦是五气；用之战克，亦是神将。

生合日支而刑伤日干，则利在彼害在我身；合日干而刑伤日支，则利在我而害在彼；害在彼者不利有攸往，害在我者不往何灾也，所谓休咎之机关于发用也。

用虽为吉于日，而阴遂伤用，则用神主力较微，用虽吉未可恃也。惟用凶于日者，则反利其阴之制，却能反吉而靡凶，用虽为吉于日而阴遂墓空，则有中杜难行之象，事宜速图不可缓也，所谓转移之方属中传也。

自墓传生而末逢吉旺，则到底能成，自生传墓而末遇凶休，终当止息。

吉于辰者，彼当其利，吉于日者，我获其功。

凡初递克末而末克日干者，用虽生干不可恃也；然为患于日也颇迟，见之宜速，以就用神之生。

末递克初，初克日干者，生虽末见不可恃也；然其为患于日也必速，见之宜早，以避用神之克。

凡日生初传而初传递生末传，终非所利，盖不惟源消根断，而且鬼在末也。

凡末递生初而初生日干者，凡事有成，盖不惟众力相扶，而且财在末也。

凡自支上发用传出干上，而能生合日干者，人有就我之心，干之可也；自干上发用传入支上而又与之生合者，我有就彼之象，进无咎也；所谓出入之异，去就攸分也。

命主生平，年关气运；虽其久暂不同，实为占人所独。盖本课传而分视，各有专司；合命年而较求，方为切己。是故日用不可伤残，命年最宜和好。日年交制，自启乖违；命被辰伤，却非我利；惟命制类，亦可言财；类制命年，当同鬼论。所谓扶救虽有三传，紧关则由年命也。

四、推　类

事涉干求，可否虽操于象内；情关得失，吉凶更出于类中。象吉类凶，象难全恃；类吉象凶，类亦难凭；相需并用，占法斯全。有吉无凶，主堪进取，吉凶可否，岂易言哉。

所干者既为贵人，则所类者天乙也；上乘吉旺则为乘时，又履吉旺则为得地；既乘天时又乘地利而与日干生合，则贵正当权势诚在我，其心实能相制，其力足以从心，若贵阴两建又见生扶，则更全吉，反此则不宜妄求。

所求者既为财帛，则所类者青龙也，日克之神也。财神财将既不深藏，又不内外刑战上下空休，而财阴两建又与干生合，所望虽奢，求之可得，无他患也，反此则不宜妄求。

五、引　伸

类阴得吉，宜往干矣。干之必有所求，求必有类。凡向贵人而有文书主权者，虽既视贵人，又当分视朱雀。有情分之求者，分视太阴；有衣帛谷粟之求者，分视太常；有恩泽妇女之求者，分视天后；所谓类将也。有珠玉之求者视从魁，有弓矢剑戟之求者视传送，有图书伞盖之求者视登明，有书籍之求者视功曹，有雁羊酒食之求者视小吉，有墓田之求者视大吉，有鱼盐之求者视天罡，有犬马之求者视天魁胜光，所谓类神也。

视类将者，吉凶在所乘神。若神克其将，将则无权，力斯减矣；神伤日干，将亦从而伤之，类神凶矣，非徒无益而且有损，求之何为?视类神精神虽在天官，力量却由气地；天官即非凶恶，而气与地却值凶休者，类神虽现无足取也。

凡干君王者，当视太岁之上下；干省府者，当视月建之上下；干尊长者，当视日德之上下。若即乘时得地而又生合日干，则信任必专而恩施自厚，往干可也；反此则有求荣得辱之患，干之何益?

至夫吉凶诸煞，虽为克应之所必需，实因众象而各有相能之用，未可胶视之者也。煞历具在，无烦赘及矣。

约而言之，则不过四课定人我之情，三传决始终之要；类神类将指事而专求，本命行年相参而比较，诸神煞关乎克应；精诚自可通灵，吁尽之矣!

至于明吉而遁凶，是必防其暗损；明凶而遁吉，尚有与其默益。

阴神休咎，所系非轻；气地兴衰，相关最切；生克制化之妙，易地而殊形；轻重虚实之微，骑墙而幻影；此皆占情之所易忽，而此事之所当详者也。故于归约之末，遂表而出焉!

卷四　婚姻门

一、例　约

欲卜婚姻，须分男女；既详四课，亦视三传。以天官察其类神，从五气辨夫休旺。明神暗煞，皆所当求；破害刑冲，尽非吉体。品貌之分详，根源有自；命年之互用，关系非轻。成与不成，两言可决；得与不得，中有微机。孟仲罡加，亦关可否；始终迟速，尤贵得实。而古今占验，则有前贤已试之成法，即心法也。

二、干支正象

日干之象，为阳为天，夫星是主；日支之象，为阴为地，妇位攸关。喜其互合交生，恶其明刑暗克。

若其旺相生合，而所乘者又为贵合龙常，则姻缘之吉庆可知，投求亦易。

若果休囚刑克，而所乘者又见空玄蛇虎，则彼此之乖违可虑，勉强非宜。

且阴阳之气不宜偏胜，而阳胜其阴者，尚有可为。

至上下之乘不可刑战，而内战其外者，尤无可取。

中多阻挠，必阴神之制伤；有口无心，必明生而暗鬼。

若夫男家气运，总属干类；女宅根基，亦归支上。视其天官神煞，纤毫自可毕陈；审其上下乘临，凶吉何难立辨。

盖惟旺相吉生而带吉煞者，必富贵慈祥，时臻吉庆；休囚凶克而带凶煞者，必衰微鄙吝，日见乖张。

三、用传变象

以三传之变象而言，则初男末女，亦喜相生；而媒妁居中，最宜乘吉；天空元武带漫戏而不情，勾虎战刑必姻媒而启竞。

初见凶神，末乘吉将，则必女旺而男衰；末见凶休，初逢吉旺，定属男强而女弱。

初传克末，必男欲计图其女，亦知男性之过刚；末克初传，则女氏乐有其男，亦知妇怀之匪淑。

夫男欠佳，初见虎勾；妇女不良，末乘元合。因亲缔眷，三合旺相以为传；以故联新，六合初终而生日。联茹而乘合虎螣蛇，必带子以亲，否则定为怀胎之妇女；三交而见空阴太乙，必以贱而配偶，否则必系婢仆之姻缘。末见空玄，何难改日移时，斯系年庚之非实，而命头见者同占。终逢蛇虎，是必阴残颓废，定多灾疾之可虞；而年上见者同断。后合初终，有后娶先奸之象；天孤地寡，有男鳏女寡之灾，未可言成。故曰“空亡若值支干上，婚娶多为孤寡人；男占女卜皆非吉，纵到成时也不成”。不备八专，或经已聘；反吟别责，或属重婚。凡日上发用青龙发支，则男家有欲娶之心，反阳缓而阴急；辰上发用，天后克干，则女家动欲嫁之念，虽欲晦而尽彰。

四、类神定象

以类神之定象而言，则龙亦为男，后亦为女；惟其所履之分，原俱喜合而忌冲，则其所乘之神未可论刑而较克。

但当即类而观其刑休，则精神气概绰有成规。

若以对待而责其乘临，则可否从违反无定见。

盖惟龙所乘临既当旺相生扶，且不内外刑战，则伊男允为男子而乘龙叶庆，抑又何疑?

至于后得乘临亦不休囚空墓，且逢上下生合，则其女属佳人而跨风缘深，岂庸再卜?

若龙克其辰而在女家当之，自难必其首肯；然而以顺为正，固妾妇之道也，何伤乎?惟为招赘之占，则第防辰本之遭龙制，恐终给累乎邱山。

若后克其日而在男家得之，已难轻信人言；抑且阳制于阴，岂丈夫之利哉?无益矣。倘属于归之筮是更忌。日本之被后伤，恐致祸延于舅姑。

六合为媒，长男成象；老成练达，撮合通神。

旺相则年轻家富而多能，休囚则年迈身贫而鲜力。乘阴为女，阳则为男。合身扶龙，则为男氏之念；偏阴亦即是伊瓜葛。生支党后，则向女家之心较甚；亦即是彼宗亲。阴见谩语天空，必多虚而少实；下临空亡败绝，自贫薄而空微。

若问妆奁，惟财是类。丰因实旺，歉则空衰；最喜遁合遁生，不宜化官化鬼。

三传天后，毋刑克休囚；天喜一神，亦忌空亡墓绝。天空元武，总属虚花；生气生神，定臻实重。

官爻亦类夫星，六合原为子息。天后不宜制合，制则子息维艰。乘神不可伤官，伤则夫星欠利。

日本生辰，乃翁姑之定类；丈人岳母，取象于生辰。天后青龙，于斯较论；休囚克害，婚皆不宜。

子缠女宿，丑度牵女，天后妻星，贵神夫象，二神相会，为牛女之交；两相恰逢，正夫妻之好合。

惟甲戊庚日神后作天后、大吉作贵人而格为联茹，不拘进退皆其象也，得之者吉无不利。

五、品貌根源

欲知女貌之妍媸，须视后乘为禀受；欲识迩来之色相，凭年上为转移。

故凡后乘无战气正当时，而又下履生旺之地，上乘生旺之天者，则其本来面目当秀丽端正，无烦辞说矣。惟是天命靡常，韶光日逝，年神既遂气化而不齐，色相自随年运而迁变。故年上将神堪占颜色，而天官神煞可验吉凶。若果年神旺相不空而无内外战刑，则水清金白绰有可凭，土重火红皆堪指责，木主清癯而柔善。魁罡急躁而粗顽，月厌咸池难言贵重，天空元武淫贱无疑。蛇虎争战而带病符，伤残是虑；勾朱刑害而兼谩语，唇舌滋多；此其定象也。

若以五行相配言之，则年上下未可或遗，而生克旺休亦当兼视。盖水木有相生之雅，火金有克战之嫌，木土见而脾胃欠安，金火逢而肺肠兼患。木金虑损，土水经愆；吉凶须视天后，克应详夫神煞。害逢丑午，眸子应灾；若逢卯辰，患归手足；朱乘亥子，定麻其面；雀生寅申，须知发稀；乘四土为雀斑，临巳午主能文。

六、命年关系

男年女命虽各视其乘临，以言休咎；而彼此相求具可详其成败，以决疑违。

若为用度交加而无战刑，则赤绳之系业经前定，虽遐必成；即见异方遥合而当旺相，则有青鸟之传自必易乎，既成且速。若女年克其男命，而后且克日、克官，龙则反居鬼空无气之乡者，女必伤夫。若男命克其女年，而龙更克辰、克财，后则复陷废休伤害之地者，行将损妇。

七、成后迟速始终琐象

成不成，莫相刑，以二后之与日上较言也。

凡日上神与后所乘神相刑则不成，否则宜成，两言决之耳。盖不惟日辰之上下，彼此不宜相刑，即后之所乘亦不宜与日上相刑，刑其日上之神犹之乎刑日也，刑日则已不利于男，何可成也?

得不得，制其物。以干上神能制支上神，否则异方三合之神得之，上能制支辰也。

凡日上神能制支上神，或异方三合之神加支而制其支则易得，否则难得；亦两言决之耳。物云者，支为物也，如甲子日戌加子之类。按此二法，只因支干上下无交生互合之象，特变通而次第求之，以占成与得之可否耳。然成得两字者，则有所指不可漫然忽过。盖成则坦怀而无虑，故但视刑。得则着意而有为，故须求制。

至于天罡之加，则又不得已而视之以决疑耳，非真有关于男女之休咎也。

盖孟为事始，虚则未实，故难言成；仲介事中，骑墙莫决，故亦难必；季则实为事之终，故可得而成也。

迟速之机，则观休旺。旺相则宜速就，休囚惟利迟成。

始终之义，则视三传。初吉末凶则有始无终，初凶末吉则先难后易。中凶多变，中吉无亏。

三传俱吉而递生日辰者，百年可与其齐眉。

龙后休囚而传递克之者，二姓恐难于偕老。

八、古今占验

婚姻为人伦之首，即关风化，更切宗桃，而百年休咎全在于此，诚非细务也。乃古今占验独不多存，其故为秘惜而不轻示人耶?抑理数玄微成法，未可尽拘，正不必多存也?然而引伸触类取用方可不穷，而刻舟求剑识见反多窒隘，虽多亦奚以为?

例一：己酉年三月己卯日戌将辰时，男戊辰生四十二岁，女己丑年生二十一岁，申酉空，寅卯落空。

官	卯	玄
子	酉	合
官	卯	玄

后	龙	合	玄
丑	未	酉	卯
己	丑	卯	酉

亥	子	丑	寅
戌			卯
酉			辰
申	未	午	巳

占云：此课求亲，不必用媒，私情业已相通矣，事在必成；但非真女耳。盖凡占婚以日为夫宫，辰为女位，龙则象夫，后则象女；年命相加为必成，神煞无良则淫贱。

按此占，丑作天后加于日上，而大吉即为女命，是则妇临夫位，男则先有其女矣。未作青龙加于女命之上，而小吉即是男身，女之命中则亦素有其男矣；又何必媒妁之言父母之命而后可也?故主必成。

玄合悉为不正，而乃妇位全逢，女年之上复见本命咸池，是以知其非真女也。况门户相加而传又见之，私通往复，宁止一次哉?婚虽必成，亦可耻矣。

例二：己丑年四月癸酉日酉将戌时占婚姻。

官 未 阴
财 午 后
财 巳 贵

龙 空 玄 阴
子 亥 申 未
癸 子 酉 申

辰 巳 午 未
卯 　 　 申
寅 　 　 酉
丑 子 亥 戌

占云：婚必成，后必有讼；助夫益子，自可齐眉，财官旺相，夫妻安享者也。媒亦得力，当为女家之亲。女必清白修长，出身微贱。

盖干支上下金水相生，故主必成。罗网之局，末助初鬼，故主有讼。干为夫支为妇，干乘仪禄支乘长生，故主齐眉安享。初为男末为女，末生初，故主助夫。日上遁甲为子，而辰上遁壬生甲，故主益子。法以六合为媒而藏，则视中传，中见胜光与妻财同类，故为女家之亲。火生初传男未之上，故主得力。即以纳音为媒而责之，则癸酉纳音金而与支辰同类，当为女家亲也。金生水，亦主得力。女必清白修长者，亦以支上言之也。盖凡女命得实，则从年上言其色相，后之所乘观其本来面目，则第从辰上观之可耳。出身微贱，以后乘咸池，辰上得元阴也。官鬼两见而相刑，斯其再醮者乎?讼端之所起亦，当在是矣。果为前夫之弟所讼。验甚！确甚!

凡以纳音为媒位者当分阴阳，癸酉为阴金，法当责酉为媒位而其上神何如，故此占取申也。

例三：五月甲戌日未将卯时，妇人三十五岁占。

兄 **寅** 后
子 **午** 虎
财 **戌** 合

虎　合　后　虎
午　戌　寅　午
甲　午　戌　寅

酉　戌　亥　子
申　　　　　丑
未　　　　　寅
午　巳　辰　卯

占云：汝有二夫，正夫不告而去，偏夫已入贼中，音信不通。今求改适，邻仆作媒，必有新喜，请成之。

盖阴不备者必是二阳而一阴，故主不贞而有二夫。法以青龙为夫，乘申遥克其日而空，龙又乘马见于天关之上，象为逃亡，故主不告而去。青龙之阴为偏夫，乃蛇乘子则有阴私蔽匿，盗贼缠绕之象，再传而子上得辰，辰上乘元武贼盗之将，自旺投墓，故曰入党。课变炎上在夏，当旺为新，三传合欢则为喜，故曰新喜。法以六合为媒，乘戌故主奴仆；即以纳音为媒言之，甲戌纳音属火，当取午为媒位，午上河魁亦恰为奴仆。支干同在传为邻近，故云邻仆。其妇三十五岁，行年戌上功曹为天后，以休气而转旺气，故当再嫁。天后在支发用，则再嫁之念出诸本身，非他人求之而然也。后生日上，故曰必成。

例四：七月癸巳日巳将寅时，男五十二岁。

父 申 龙
兄 亥 常
子 寅 后

蛇 勾 龙 常
辰 未 申 亥
癸 辰 巳 申

申 酉 戌 亥
未 子
午 丑
巳 辰 卯 寅

占云：五十二岁又作新郎，今日方出墓寻生，姻事必就。所议者年富清白修操，力能助夫又能生子，女中丈夫也。独是过门不久，尊堂服动，必有内艰之丁矣。其女必善书算，持家有方，可享遐福，二子送终。成亲之后，便当坐喜。

盖日上逢墓，从前自必昏滞，长生发用，故言出墓寻生。婚姻之占法：以支辰为妻位，上见长生当旺，又是仪神，故年富貌美而有丈夫之气概也。生干故助夫，递生二子故有子，必成亦以相生乘旺也。长生又为父母，而中传亥水乘丁暗害，见于辰阴，故丁内艰。长生又为学堂之神，故善书算；申金又临长生之上，故持家有方可享遐福也。子爻两现，故主二子；末见故能送终。子在丁上，故成亲之后，便当坐喜。

例五：辛亥日，寅卯空。

父	未	后
财	卯	合
子	亥	虎

贵	勾	后	合
午	寅	未	卯
辛	午	亥	未

丑	寅	卯	辰
子			巳
亥			午
戌	酉	申	未

占云，姻事必成，但嫌不旺夫家，偏旺母家；八年之后，妻必改嫁，非吉象也。

盖干支之上午未作合，故主必成。凡天后发用而三传自合成局者，谓三阴自旺，得天后临支，支系母家，故主偏旺母家。后之所乘明生暗鬼，而三传木局又生起干上之鬼以克干，故不旺夫家。未数八，八年之后丁动，而中空桥断，卯即辛之妻星，其象若此，尚可成乎?婚姻之占，关系甚大，其可忽乎?

卷五　农事门

一、农桑例约

日用常行所需于占者，盖亦伙矣；何遂以农桑冠之?盖民为邦本，而其所以安民者，衣与食也，是故天子有籍田之耕，夫人有蚕桑之役，黎民不饥不寒而后可以言教，是则琐占之所以首农桑也。

二、农桑定象

凡农圃之占，以日为农人。农人者，身其小天，刚健不息，故以干类之。以辰为田圃者，承天载物柔顺无疆，故以支类之。而其所以吉凶于农人田圃者天也，故即视其上神休旺生死刑害空破以言吉凶也。盖日干不受上神伤，则农人清吉，日支不受上神伤则田圃茂盛。日辰之上互相生合而不破害刑空，则收获丰盈惠施实受；若发用之神更能生旺其类，则所望之类必有收成；而太岁行年上神复见生扶者，类收必倍。类贵入传，气宜生旺又须得地不可空伤；类阴伤类，树艺徒劳；阴伤日年，类及殃咎。凡用生其类而遂伤干者，亦非农圃之所攸利也。

至夫早晚之占，则在三传，凡发用乘吉而生旺其类，或类现于用而与辰上无伤则利于早，中则利中，末则利末也。

水陆之占，则在日辰：日吉宜陆从阳也，辰吉宜水从阴也；是皆农占圃占之大略也。

三、类神定象

凡以登明神后为稻者水谷也，稻非水无以生成，故以水类之。故凡水神乘吉旺相与辰上神生合，不与日干太岁上神往来相伤者，宜稻也。登明宜粳，神后宜糯者，糯大而阳，粳阴而小，各从其类也。俗呼糯为大米，粳为小米者，义盖本此。

寅卯者，草木之类神也。草其本而木其性者五谷之属也，故以功曹太冲类之。故凡用见木神乘吉旺相与辰上神生合，不与日年太岁上神往来相伤者，五谷之属皆所宜也。盖惟草而似木者，功曹主之；草而终草者，太冲主之；木阳而草阴，性使然也。

巳午者火之类神也，其性上炎，其象为陆，黍与豆宜于高原而不宜于淤下者，故以太乙胜光类之。故凡用神见火神乘吉旺相与辰上神生合，不与日年太岁上神往来相伤者，黍豆之属皆所宜也。然而颜色高下各有其宜，恶可无辨?盖黍之高出者曰粱，其色多赤；胜光纯火而赤，应以主之。黍之低者曰粟，其色多黄，太乙火土而黄，应以主之。惟豆亦有黄赤之不同，其所应主者，可以思矣；触类而长，宁惟黍云乎哉?

申酉者，金之类神也，其性从革，故序为秋，二麦者生于秋而成于夏者也。秋收也，收四时之金气，利金石之磋磨，故以传送从魁类之。故凡用见金神乘吉旺相与辰上神生合，不与日年上神往来相伤者，二麦之所宜也；大麦小麦，阳大而阴小也。

辰戌丑未土之类神也，万物资生而承天柔顺故，曰稼穑，稼穑之所赅者不一而足，故百谷之属，咸以土神类之。故凡用见土神乘吉旺相与辰上神生合，不与日年太岁上神往来相伤者，百谷皆所宜也。然四土之中惟大吉更吉，故又名之曰田。即以大吉为田者，丑有田象，从其类也，是皆农占圃占之种类也。

虽然理有经常，占须通变；执而求之，反滋谬误。是故凡欲占其岁，宜何类为植者，则以发用所现之类而言。吉则从之，凶则违之；不惟旱涝而耕者良农也，若果为凶将废耕乎?故凡用凶于类而不伤辰，或即伤辰而中末有救，及日年太岁上神或有救制而能扶生辰日上者，但当逐类求之，现与不现非所论也。

若农圃之念，业有所主，而欲占其所主之类宜与不宜也，亦第取类而俯仰视之可也。凡类既得地旺相不空，类上神将又不与类刑战而与辰上神生合，不与日年太岁上神往来相伤者，用之可也。至必入传者，若仍以类为嫌则反谬矣。

类上神将即是类之阴神。

四、象类约略

约而言之，日为农人，辰为畎亩，辰上神将为所树艺之物，日上神将为所仰望之天。发用者，求类之端也；行年者，干旋之柄；太岁者，万物之主客也；故皆视其上神而较言之。惟用既以所乘为类，而亦视其上神也，用之阴神与有责焉。

故凡日上乘吉生干，则农人清吉，而旺相生合者更吉，乘凶克干，则农人灾否，而休囚凶克者更凶。辰上吉旺生支则田园茂盛，休囚相克则地土荒芜。日生辰上则发繁而工倍，辰生日则费少而功多。日上凶死而克辰上，则栽培灌溉未必及时；辰上吉生而克日上，则时届收成终归虚花。

类贵入传莫教休死，又宜得地不可落空。若为取类之占则不必拘其藏现，而惟旺相不空者必佳。若果原无所主则方以用神为类，而惟用生支神者可与。

水陆决于干支，早晚视夫初末。三传乘吉递生而生日辰及生日辰上神者，农牧而无他患；三传乘凶递克而克日辰及克日辰上神者，歉获而有后殃。

类与用神虽逢生旺，而阴神生克干支者，即收获无虞当防灾疫。用神与类虽觉平常，而阴神吉生支干者，即栽培劳费实利堪收。式观大象，年属占人；所以日年用类最忌刑伤；吉凶由神，克应由煞；凡神煞天官利于和好。

农桑虽微，毕竟有关民命；象占非易，必须恃用周详。扩而充之，无不皆然，倘有三反，不为无益者也。

五、蚕桑象类

凡以午为蚕命，午为木之子孙，夏之旺神也。午于神为胜光，故其字从先，两其先者，岁必两收，虫其象也。其又以蚕取义者，午卦为离为先天乾位，从天从先，象虽不同，义则一也。

是故时维清明，蚕即露种而有生焉，至于谷雨则普天之下，皆其初眠时也，时维夏至，则皆眠竟而恣食焉，至于小满则普天之下，皆其结茧时也，是则午之所谓蚕命，而为夏之王神木之子孙也。

凡以未为桑者，午与未合，木之库也；惟库则子孙取之为寄，惟合则子孙食之无伤，未旺于夏，而木火之功相与告成，是则未之所以为桑也。

盖寅为茧也，虽曰成功而告老，实即脱化而营胎，是则寅之所以类茧也。

凡以卯为丝者，卯木本于午为沐浴。沐浴者，丝之象也；浴蚕于汤而后丝出焉，是则卯之所以为丝也。

凡以辰为薄者，辰于午为冠带。冠带者，成人之具也。辰于春为季，中本墓，墓闭藏之所也；蚕必藏焉而后登之于薄，登薄而茧，成长之象也。辰于象类则又为山，故俗呼为薄为山，是辰之所以类薄也。

凡以巳为筐者，巳之于午为临官而比旺，比辅也下顺从也；下比其类似藏火为能，蚕之为性以要寒为急，故巳火可以筐蚕，是则巳之所以类筐也。

凡以申为绵者，申于午为病，于寅为破，盖茧之为利于人也，丝与绵耳，缫而得丝，破之则仅可得绵，蚕所病也所破也，病于茧而破于茧，是则申之所以类绵也。

凡以酉为僵者，午死于酉，而金有刚强之义，故曰其生也柔弱，其死也刚强。

戌为黄者，午墓于戌，黄其色也。

亥为厄绝者，午火绝于亥也。

子为鼠耗者，即冲且克，午火受伤，鼠其象也。

丑为眠化者，丑午脱害，脱所以当眠而身有变动之嫌也；化也者，变之谓也。

六、加临定象

故凡蚕桑之占，首以午为蚕之类位而仰观焉，仰观者，观夫午上之神以言吉凶。盖功曹加午则乘带俱吉，则茧收必倍多，太冲加午而乘带俱吉，则丝获必多，天罡加午而乘带俱吉，则登薄者成，太乙加午而乘带俱吉，则上筐无恙，小吉加午而乘带俱吉，则桑与蚕宜自无他患，传送加午而乘带俱吉，则金为火制，收必多绵。惟胜光加午而乘带俱吉，则二火有比旺之能，蚕之顺利，不待言矣。盖仰观之神即为类之所天，所以当责。

至于从魁之僵、天魁之黄、登明之死绝、神后之鼠耗、大吉之眠化，则皆不利于蚕，而非蚕命上之可或见者也；若既见于蚕命之上而乘带复凶，则为灾更甚。

然而诸凡吉类，虽在午上之所加临，而类上所得之神，又须逐类分责。盖凡旺相乘吉而无内外刑战，则此类当以吉言；上下克制而休囚空亡，则此类当从凶论。

七、吉凶琐象

凡宅主年命之上，得见财神财星相生旺相，蚕收必倍；而惟蚕临年上与蚕更相关切，必须彼此生合旺相有气，方为全吉。

大抵蚕伤姑辰，则蚕不利人，而蚕上更乘凶神凶将凶煞，蚕必无收不可为也。姑伤其蚕则人不利蚕，而蚕上更乘吉神吉将吉煞者，蚕收可望，但当择其吉于蚕者而用之可也。

至夫蚕室，岁各有方，法以姑年加岁，而惟寅申午未之下，姑为吉方，四者之中择其最便而无冲犯者，居之可也。

迟早之法，则视三传。凡初传吉旺而生合蚕命上者，宜早，中吉宜中，末吉宜晚也。

眠起吉凶，亦从传中次第求之，盖惟初传吉旺，则头眠起必齐，中主二眠，末主三眠，惟吴中独有四眠之蚕，谓之大眠。大眠之候，亦即视夫末传可也。

诸书不以四课为言者，指事而占，但须责类，无他求以乱指视耳；岂有置大象于不用而竟抹煞干支对待之体哉?日为人辰为物，不然何可弃也?但观农人之于田亩种类，可类推矣！

卷六　出行门

一、占例约

出行何以有占也?盖行藏显晦一身之休咎所关，水陆舟车千里之吉凶攸系。前知之则易为趋避，易视之则难以提防，孰谓出行也而可无占乎?至夫望云之叹，谁则无之?所以家内吉凶咸须归附；必如是也，而后促装就道跋履山川，庶几可以无悔乎?

二、类　象

凡以日干为行者之身，而视其上神以言休咎，以日支为所往之地，而视其上神以言吉凶。

盖凡日上无伤乘吉不战而气又当时，日支阴神又不凶伤于日，则此身之迪吉可知，反此则有凶灾，不宜妄动。

凡日上空亡而无气无冲，则欲行未必。日上官鬼而兼刑带害则阻滞难行，其所以阻滞者，视其所乘之天官可知也：如鬼乘天乙气更休囚，必因贵人神鬼而有阻滞；鬼乘蛇雀又带官符，必因口舌公讼缠绕忧疑而有阻滞；鬼乘勾陈又带刑煞，必因田上争斗勾扰牵连而有阻滞；鬼乘白虎又带丧门吊客死符病符，必因死丧疾病而有阻滞；鬼乘元武又带盗耗，必因盗失而有阻滞；鬼乘天空又带亡劫，必因逃亡走失欺绐脱骗而有阻滞之类是也；类而推之，空亡之故，可以思矣。若用见子孙乘旺既不为下所伤而又上乘吉将，则是发用之神力能制鬼而生财，日上虽有官鬼阻滞之嫌，仍可行矣。

盖凡日上之鬼休则难动，鬼缠身也；旺则难当，鬼禁日也。若鬼在日上发用而又上乘凶将者是更不宜轻动，见在日上已自难当，况又发用乎?若旺鬼乘吉而又用自日发，则仕宦之行反为吉占，未可概以凶言也。

凡日上神乘吉旺相能制支上之神，而支上亦复旺相乘吉，则是我之财神见于彼也，往则必吉；若反凶作鬼带煞披刑气又囚死，则是我之鬼贼见于彼地，往则必凶，其所以凶于我者，则亦视之所乘所带可知也。

凡日干游行之方亦宜兼视。盖天上日干身所动也，所临之地身所止也，吉凶休咎咸有攸关，安得无问?故当兼视。

凡日干病死墓绝之地，亦不可前往，往则多凶；惟地既生旺不空而神将之吉者方可往也。又须兼以日上神与方神较论。假如今日干之上四土为神，木临之地不可往也，惟火所临方则为大利，火生土也；水临亦利，土克水也；金临之方则无攸利为所脱也。若所利之方将吉气旺，又能生合日干年命者则更利也，他方仿此。

然凡出行有占，须首辨欲行者，果为何等人，其人所司何事，而后即其内外喜忌言之，方可无失，漫以求之，占无应也。即如日上空亡，所主者何，未可必耳，若为九流技艺之人空手求财之事，空非所忌，亦须将得吉气旺乃往利耳；若为携本经商则不惟不能行，行且有损。盖行商之占法，以日为外类，外空而占，则奔走徒劳，我空而凶，则资财可虑；视天官所以空者可缕指矣。又如日上鬼，所主者鬼缠身、鬼禁日耳；若为求官问禄之人功名科举之事，反所喜也。盖功名之占法，以官鬼为主，官临其身旺相乘吉，既不内外战刑，而用传年命又不相伤，太岁月建又得生扶，而上神又不往来相克，则无官者当有得官之庆，有官者定膺迁推之利，荣何如之?若无气空克即令求官，亦不可往，而常人得此，在所必忌，何可漫言而无分辨。

三、占法动静

凡欲出行，而欲占其能行与否，则又有动静之义；故以动静占之，盖动则能行，静则未能也。

盖凡关墓临干，身则难动。关有阻格之义，墓有敛藏之义，皆静象也，所以难动。若年上神力能冲关破墓，则可仍以动言，否则须待冲关破墓月日方能动也。

凡日上空亡亦主难动，若用传年命见有冲神，亦当以动言之。盖空逢其冲空者反实，故可动也。然惟旺空逢冲，方有其象，若空带休囚，冲无益矣。

凡日干天官入庙者，虽非空亡关墓，亦难以动言。盖神将同体变化无端，故难言动；惟二马乘旺发用，又无缚足恋厩之类，动斯确矣。

凡魁罡临日则有万不获已之动，乘吉带旺，则以吉言而为速，乘凶囚死则以凶论而为迟，披刑带煞而有气，则当亦以速言。

故曰，旺如乘车得马，可以掣电而追风。

四、迟速占法

凡占出行而欲以迟速言，则惟较视日用，日为行者之身，用乃征行之始也。

盖凡课传皆阳，事必显而多功，其动必速；课传俱阴，事必阴私而多晦，其动必迟。故曰：日阳而用阴，则当速中之迟；日阴而用阳，则当迟中之速。若日上阳旺而用阴休墓，则虽动复止；日上阴休而用神旺，则虽迟必行。

凡用阳而传阴，当防中道之阻；用阴而传阳，则必履坦无虞；中为发用之阴神，所关于行色者非浅鲜也。

凡用为子孙而刑克日上，则当有伴侣相伤之应；用为父母而刑克日上，则当有尊长相促之征；用为兄弟宜切朋友；见妻财情关妻妾。方以类聚，物以群分，惟用带丁马旺相不空不受下克者，动尤速也。

五、吉凶占法

凡占出行又知其吉凶何若者？则首视日上，日上为行者之身也；次观辰上，辰上所往之地也；又次视用传，初中末有道路阅历之象也。又次视年命；命为固有，年主流行，而为行者之身所独有也。凡见有日鬼而乘凶带杀，则各有所主之事、各有所应之时、各有所见之处可按也。

其所吉于行者，惟禄马、生气、日德、天喜之类附吉乘旺而无损伤，则其行也，即非因喜而动，将来必有喜庆之事，随所遇而自见者也。

其所凶于行者则为鬼，以所乘带及五气言之。

盖凡鬼乘天乙则主官司神鬼之凶，日旺为官，夜休为鬼，分以乘之方无去也。鬼乘蛇则主惊疑怪异，盗贼火光；鬼乘朱则主鼠雀纷争是非口舌；鬼乘合则牙侩媒保欺隐奸私；乘勾主勾惹牵连争斗讼狱；乘龙主子孙财帛亏折损伤；乘空则主小人仆隶诞妄欺凌；乘虎则道路凶恶疾病兵丧；乘常主饮食筵会参商嫌隙；乘元主盗贼匪类劫耗遗亡；乘阴主阴私妇女奸谋蔽匿；乘后妇人女子秽污贪淫。

以煞而言，则凡五符为鬼者，必有口舌公讼；往亡为鬼魅者，必将身不生还；车坑为鬼者，有车马舟楫之忧；飞廉为鬼者，防破败损失主患；空亡为鬼者，脱诳可虑；劫煞为鬼，劫夺堪虞。鬼墓则昏蒙多阻；鬼关则隔碍难通；天刑则小人有忧败之嫌，君子亦剥官夺禄；鬼带咸池，奸淫沉溺；鬼披刑害，破祖伤残。引而伸之，触类而长之，则庶几乎百煞之用，其有当乎。

六、水陆占法

凡占出行而欲知其出行水陆之所宜者，则以日辰为主而分言之，吉则从之，凶则违之。

凡以日干为陆，视其上神以言休咎，日干之象为天为阳，陆之位也。

日支为水，视其上神以言吉凶，日支之象为地为阴，水之位也。故凡干上之神乘吉生干气又旺相，则陆路自可从行；乘凶克日，气又囚死，则陆行匪吉。

支上之神乘吉生支，气又复旺相，则水路允宜从往；若乘凶克支或更克日气又囚死，则水行必凶。若水陆俱吉，则惟择其最旺而无损伤者从之。

凡陆行则不能不需车马，水行则不能不需舟楫。太冲者，车马舟楫之类神也，然须分视不谬耳。

盖太冲临水，象则舟楫；临土，象则车马。旺相则坚固而宽容，休囚则破毁而疲陋。惟乘龙合而出于支干之端更无刑战，则水陆皆堪遄往；若载元蛇而见于日辰之上，则水陆皆不堪从。即乘辰合则象为减下，沉溺堪虞；卯带车坑则象为折轮，倾危可虑。上见魁罡，则舟车定多阻隔。更乘月厌，则道路时有忧惊。卯作隔神，宁无阻滞?卯逢夹克，必有损伤。卯上空亡，水则无忧，陆防倾陷。

凡舟行之时，万一有损，而欲占其损于何所？亟为衣枷计者，则当专视天罡，而以所加孟仲季言之。加孟则所损在头，仲中季尾，盖孟仲季有首尾之象。而与太冲相害者，天罡也，即以相害者占其所以害，故无失也。

七、阴晴风雨占法

凡占出行而欲占其途次之阴晴风雨何若者?则以三传之阴阳为主，以言时地之克应；盖阴阳亦晴雨之机，三传开道路之象，而初中末，即其时与地也。

故凡传得纯阳，则主晴朗，而木旺乘刚者多风。传得纯阴，则主阴晦，而金旺乘阴者多雨。水神旺则虽阳亦雨，火神旺则虽阴亦晴。阳胜于阴而乘朱蛇又带晴煞，其晴必久。阴胜于阳而乘后元又带雨煞者，其雨必长；是则阴晴风雨之大象也。

若分视其时与地，则初传见者应在始发，中传见者应在中途，末传见者应在末路。扩而充之，则辰上见者应在彼地，日上见者应在欲行未行之时，而时序之标准，即以三传之十二辰次之，是则所谓时与地也。

八、伴侣占法

凡欲出行而欲知其将来有无伴侣及伴侣何若者？则以子孙为主，而亦以三传言其时地。责三传者，以道路言也；责子孙者，制鬼生财，缓急可恃也。兄弟之爻乃居然伴侣而不责及者，兄弟有其本责分财之象，职有合伙经营而非萍水之交矣。

故凡子孙吉旺见于传中而与日上德合生比，则不惟伴侣有人而且富厚忠诚，自当竭蹶而相为。子孙休凶见于传内而与日上破害刑伤，则途中虽逢伴侣，而疏狂污贱非徒无益而有损。传无子孙，则视三五六合言之。

若更视其所乘所带，则性情容貌皆可前知，察其天地两间，则时序地方曷难预定?至于辰见为他类，日见为类行，非虚语也。

九、资本行李占法

凡占出行而欲知其资本何若，则以财爻为主而以休旺言之。日干所克者为财神，青龙六合为财星，二者兼视。

故凡财神见而财星称之，则为有本之行经营之类是也；旺相而带丁马，则必充盈无往不利。休囚而无丁马，则必微薄蹇滞难通。若财神既藏而财星又复空窘，则为无本之动，九流之类是也。旺相则得来可望，休囚则到底无功。财虽不现而适财有气无伤，则居然良贾深藏莫窥，吉可知矣。若兄弟化财或财化兄弟者，即非借贷定为合伙。

故凡欲知其行李若何者，则以父母为主，亦以休旺言之。盖行李者，覆庇之资也；而覆被吾身者莫如父母，故以类之。

故凡父母见旺而无损伤，则行李自当富盛；休囚而有刑破，则行李必见凋残；空藏则无，类藏则失。若父母化兄或兄化父母，则与人共己不自由。

十、投宿占法

凡征行在道，而欲占其止宿处吉凶若何者？则以日辰为主而较视其上神焉。盖日为本身，辰为旅次也。

故凡日辰上神彼此生旺德合乘吉带吉，则宾主相安绝无疑忌；若彼此刑冲破害乘凶带凶，则宾主不投易生嫌隙；日伤其辰则客怀不仁，咎由于我；辰伤其日则主怀不义，咎起于人。

支干逢墓必不安宁，鬼带三刑定多凶祸。凶于我者视其所乘天官，蛇主惊疑，朱为口舌，勾陈争斗，白虎兵戈，元武盗贼，天空欺绐，太阴奸谋，天后淫秽之类是也。

然天官之所凭依者，神也；十二神之所用者，五行也；五行之所变幻者，五气也；引而伸之，则形貌情性老幼强弱之类，一览而无余蕴矣，于投宿也何有?

十一、启行占法

凡旅次虽安而欲占其明发之情形者，则以日干为主日支为佐，兼以用传相较言之；盖日为己身，支为奴仆行李，用为祸福端倪，而三传者则有时与地之象也。

故凡日上吉旺不伤于日，则为上天显佑，身必无虞；日下吉旺不逢空败，则为地下默扶，任行无害。

玄不伤干而财爻稳固则无劫掠之忧，勾不制日而乘性平和则无口舌争斗之患；例而求之，十二天官咸有责也，支不受伤，财爻奴仆行李当无患也。

以竟日而言，则初为卯辰、中为巳午、末为申酉时可定也；然式中时位咸自井如察其上神，吉凶休咎必以时相应，兼而求之可无失也。盖三传者，时行之大象也，十二辰者，时位之分司也；先其大象，次其分司，占之法也。

以地分而言，则十二辰之见于三传者，自可按也。岗、岭、墓、田、湖、池、场、圃之类，各以类见，不可谩责也。

凡以年命为扶救之本而与日辰用传相较而言之，盖年命者吾身之所独有，转移休咎之权与也。

故凡日吉而传凶，支辰年命之上皆可救也。日辰俱凶，而年命休衰不能效力者，三传之神，皆可救也。日辰年命俱凶而三传复凶者，勿行可也，是则所谓趋避也。

凡以太岁月建为君为长而与日辰年命用传相较言之。盖太岁者人君之象，月建者官长之象，身居君长临照之下，虽不敢妄异拔援，毕竟难逃主宰，而其上神亦即岁月吉凶之所系者也。

凡吉凶由神，克应由煞，诸煞之紧关休咎者不可遗也。如太岁月建气力最大，入课临传皆顷细视，生扶则吉来不小，刑害则凶至匪轻；即居闲地而其上神皆有关系，不可忽也。盖凡岁月上神，遥来相伤者固为不利，而我去遥伤岁月上神者，尤非所宜也。故曰岁月上神不可与类往来相克。太岁上神所主岁中事，月上神所主月中事，故与日辰用传年命上神以及类神皆不可相伤也。

十二、见闻有疑占法

凡征行在道遥见人来，心有所疑而欲占其为何等人者，则以神后为主而视其所加孟仲季言也。

凡神后加孟则为善良，孟为四长生，所以善良；仲为商贾，仲乃四旺，所以商贾；加季则为凶恶，季乃暗金四煞，所以凶恶。责神后者，后为十二神之长，一阳始生，首窃天气，可以为善，可以为恶，神变无端，故曰神后，而以责之。

凡占乘舟而来，则以天罡为主，而亦视其所加孟仲季言之。凡天罡加孟，则为吏人为人之所长，孟长象也，故凡吏人称为长吏。加仲则为常人，仲有中象平等之象，故主常人；加季亦为奸恶，季居下流而有藏垢纳污之象，故主奸恶。责天罡者，见因舟楫而生疑，罡立卯之前者也。

盖凡有类主者，皆当以类加孟仲季言之；无类主者，则以天罡视之。罡为善恶之总主也，故兵占决几之占，每每视此。

以上两占皆不言日辰用传年命而视神后天罡者，呼吸安危刻难姑缓，多视乱指适以增疑也；虽然万一乘象果为凶恶，则又何以处之?即就其所加定体，而以日上辰上决其趋避。

故凡辰上神克日上神则吉，辰上旺相而日上休囚者更吉，前行无忌。日上神克辰上神则凶，而辰上休囚者更凶，避之可也；惟相生比合而气俱旺相又乘吉将者，彼虽凶恶，我无忌也。

凡有所问而欲占其虚实何如者，亦以天罡为主，而亦视其所加孟仲季言之。

凡罡加孟上则为虚诞，孟为始生事未实也；加仲而虚实参半，仲中而有骑墙之象，疑信相参而未决；加季则实，季为四土信而实也。然日上辰上又当参论，故凡日上刑克支上所言必虚，而罡魁蛇虎阴空谩语见于日上者尤多诡诈，带空亡者更出无根；若天罡加孟仲而日又加彼，其虚可知矣。

已上诸占，皆以辰属我，日属人者，来与言皆有动相，动则为客，见与闻皆有静象，静则为主，所以日属客言，辰属见闻也；主客动静之间，辨之审矣。

十三、期会良法

凡有相期会合而欲占其得会与否，及已去未去者，若占他人则视天罡。罡临日辰，定然得会，罡在日前，则为已去，罡在日后，则尚未来，然又当以所加孟仲季参而定之。

凡罡加孟则尚未至，加季则为已去，惟加仲则可会也。

若占同伴则视胜光。

凡胜光见于贵前，则为在前；见于贵后，则犹在后；若恰临日辰便可相会。视胜光者，午于卦为姤，姤遇也，故视之。

十四、家内吉凶占法

凡身处客中而欲占其家内吉凶何若者，则以日辰为主而视其所乘天官言之，支为我之家也。

故凡支上之神下生其支而气旺将吉，则必无事而安常；若支上神下脱其支而上气休囚，则多耗费；上神下克其支而气休将凶，则必多悔而驳杂；若支克其上而上神旺相，则可庶几。

盖吉凶所主虽在上神，而事类所关在于天将。即如鬼乘天乙虽云鬼祟神祇，而昼夜阴阳岂无分辨?鬼作螣蛇虽主惊忧火盗，而旺衰虚实能不周详?大抵贵合龙常吉事居多而为凶亦浅，元勾朱虎凶灾常大而为吉偏轻。天官各有所司，占者贵于类推；苟能达变，自可通穷。妻子父兄，式内岂无其象?刑冲德合，类端各有其神。周览旁搜，情表自见；仰观俯察，象类分明。

卷七 三才门

一、三才易简例约

六壬，象学也。运式以占，象亦伙矣。一日十二时，课亦十二而止；十二课内象则万千，若但以课体求之，则万千之象无从出现，而五行之用反为所拘矣；是故三才易简之法，不可不急讲也。

盖日辰之象为两仪，贵贱尊卑由此而定；四课之体为四象，刚柔内外从此而分。三传之象为三才，初中末伏，从兹而备。然两仪之成四象也，实乃三才之具体；三传之三才也，实即两仪之化身；是则所谓课体而万类各有三才之用矣。

如占妇女则责天后为类，天后妇女之象也。即令式中无天后，亦当视天后之所乘临，乘即天后所乘之神也，临即乘神所临之宫也。后所乘神即为初传，初之阴神即为中传，中再传之神即为末传，是即所谓类神之三传。始终情形皆在于此，按此而求尽堪取象，所以不必全拘课体而断吉凶。

盖凡未有所主而概占大象，则吉凶情形专在课体；若既有所主而占则事各有类，类各有象，即类以定三传，即三传以言休咎情形自露，不必徒求课体，即所谓易简也。

凡占贵人则视天乙之三传，而谒贵干求者亦同责焉；占梦寐、怪异、忧疑、惊恐则视螣蛇之三传，而炉灶之具亦俱责矣；占文字、口舌，则视朱雀之三传，而飞禽、书信、词讼之属亦并责焉；占子孙、交易、婚姻、媒保则视六合之三传，而小儿、竹木器具、舟车、门户、床榻、盒桶等物亦并责焉；占勾连、斗讼则视勾陈之三传，而军旅、墓田、捕役、差人之类亦皆责焉；占贤良、财帛、及书吏则视青龙之三传，而择婿、求文职功名亦同责焉；占小人、奴仆、僧道则视天空之三传，而上书、通启、虚诞、诈伪之属亦俱责焉；占疾病、道路则视白虎之三传，而出师、征讨、死丧之事亦并责焉；占尊长、财帛则视太常之三传，而米麦、布帛、衣裳、丝絮、药食、武途功名亦并责焉；占盗贼、逃亡、走失、乞丐则视元武之三传，而行兵、行人、水利、沟渠等事亦以责焉；占外戚、私慝、婢妾、婆妈、老妇、尼姑则视太阴之三传，而阴私、嘱托、金银钱、石磁器等亦同责焉；占妇女则视天后之三传，而择妇、望恩泽、封诰、赦书者并皆责焉。盖类神所乘之神虽各有三传可责，然须与日辰行年与制类者，尚可从吉言也；若日年落空，百事无成，惟类自作空不以空论。然神与将又有变通之法，将即神，神即将。如占贵人尊长，本当专视责天乙，若或课传无贵人而大吉出现，则视大吉之三传以断吉凶不必更求天乙矣。如占财帛，本应专责青龙，如或无青龙而功曹出现，则视功曹之乘临以及三传，不必更求青龙矣。或式中无青龙而太常出现，则视太常之三传以定休咎，不必更求青龙功曹矣；是即所谓变通也。

二、类神三传变通法引证

八月丁巳日辰将酉时占妇女事。

财 酉 阴
子 辰 龙
官 亥 贵

合 阴 蛇 常
寅 酉 子 未
丁 寅 巳 子

子 丑 寅 卯
亥 辰
戌 巳
酉 申 未 午

断曰：占妇女事则视天后之三传，三传戌巳子将后空蛇。以初传言之，后乘天鬼加卯临门，内战不安，则其所主者不得自安之事也。戌与卯合是有求和之意，八月卯为月破，甲寅旬卯为盗神，天魁之将为下贱；后乘下贱之神下临无气之地，其为下贱妇女可知；下为盗神月破合而克之，其所不安者，必忧失盗亡财帛之事矣。以中传言之，太乙为天空，空为欺诈不实之象，八月巳为天鼠煞，情必涉鼠，阳现其象，情归于阴。中即后之阴，以末传言之，神后为蛇，子又为鼠，蛇为怪异，家有鼠为怪。天鼠即是小耗，正月起子逆行十二支，所主欺诈耗财；鼠耗之名，盖本于此，其所忧盗失亡财也。

此课如占贵人，则视天乙之三传，三传亥午丑，将得贵虎朱。以初传言之，贵人履狱处非其地必有忧患，若非病厄则有过失。盖阴得胜光为白虎为疾病之神，内战忧重，故主病厄，末见大吉乘朱下临六害，八月天刑在午，死气在丑，当因死刑文字而责罚黜退之忧。

如占父母，则视太常之所乘临，而以三传言之，三传未寅酉将得常合阴。以乘临言之，常乘小吉临子，子未六害而又空亡，则所主者孤寒也。占父则无母，占母则必无父，否则定当远出。凡类临空亡，十有九死，在外者不得还家，是则所谓类神之初传主其事者也。以中传言之，功曹乘六合，乘木克未为鬼，八月寅为死符又为枯骨合乘死木为棺皆作凶象。以末传言之，从魁乘太阴，重金乘旺递克类阴，所谓鬼来催鬼，鬼催人死者是也；寅为死门而太阴夜神之酉，临夜位之鬼门是为冥道也；末为归计而入冥道?岂父母之利哉?从魁见于日阴，业已在外而又传出他处，则有异乡之角是则死于他乡之兆也。

盖式中内外之内，惟前后为主，视类者便从类前类后言之；类后为内，类前为外耳。六合之中，前后凡七，七在对冲，而前后均得其六，凡在二三则为近，在五六则为远。按此占，小吉为类临子，恰当前六故言远；下临空害故言死亡，类阴凶克而末酉传出他处为冥道，故言死在他乡。

如占子孙事，则视六合乘临，今合乘功曹下临丁火在外耗脱，而功曹于八月为死木，又煞为死符枯骨，皆非吉象；以丁言之，死木不能生囚火，子孙徒自脱耗而无益于父母也。以未言之，则未为木墓，子孙投墓亦非吉象，是则类神之乘临所主，亦即所谓初传为主事之人也。以中传之类阴而言，则从魁为月建，月建为官长从而克之，则当有官长仇难之灾。以死木逢旺金，凶何如之?仰见其仇，俯临其丘，非子孙之利也。以末传归计而言，则辰虽乘龙为子孙之财，奈财反助鬼为官，丙辛辰酉合助莫解，而所带之煞又为白衣，死别凶可知矣。盖凡占问子孙，不宜见者有六：一不宜落空；二不宜投墓；三不宜传见官鬼；四不宜煞带二死；五不宜蛇虎魁罡加临年命；六不宜气乘囚死；若全见者必有死亡之事，惟加临旺相而传得其吉者则有喜庆。若既见游煞斩关丁马而传又逢凶，年上又见元空者，主有逃亡劫耗之患，此其大略也；若神而明之，则又存乎其人，难以言传矣。

凡辰为宅舍，而子孙之占，亦当责及辰为子孙之类位也。若辰戌丑未乘蛇虎临辰，而辰为亥子，则是子孙为土所制，法忧少小；盖亥子皆是少小之象，支神乃是卑幼之位，故当责也。

壬学琐记

程爱函　原著
徐伟刚　点校

《壬学琐记》简介

《壬学琐记》为清代道光年间壬学家程树勋（字爱函）所著，不分卷。

严格地讲，《壬学琐记》并不是一本书，其仅是程爱函的六壬“笔记本”而已。《壬学琐记》虽是程爱函不定期六壬研究心得的“记事本”，记述内容也不讲究格式体例；但其涉及面之广泛、议论之精详、评判之中肯、占例之精采，不亚于任何一位六壬先贤。

《壬学琐记》对六壬名称、历史源流、历代壬家人物、六壬佚闻、六壬名著都有探讨议论，内容丰富多彩，引人入胜。

《壬学琐记》对六壬入式上面的歧疑问题都有议论，较古论今，合事详理，纵横诸家，评判公允，可作后学成式。

《壬学琐记》中记载了程氏本人各类占断壬课有二十多余例，占断理胳分明，体现出较高的壬学修养，代表了清代壬学发展所到达的高度。

徐伟刚

2010 年 6 月 13 日于北京

序

唐时功令，以奇门雷公六壬为三式。雷公即太乙，所谓太乙雷公式是也。唐制禁奇门雷公不传，惟六壬便于民用，无涉兵事，故不之禁。传习多歧，精者卒鲜。叔父承伟堂族祖之传，肄习有年，占验辄中。犹忆庚申之乱，里党为墟，叔父灼见几先，寓书亲友，谓八月有凶。闻者疑信参半，至期果应，遂群服无闲言。以伟堂族曾祖手录秘帙甚伙，曾为刊《大六壬一字诀》、《玉连环》行世，今又续刊《毕法集览》、《壬学琐记》两种，而《琐记》一书昭示后学尤切。剞劂甫竟，邮示全册，命缀数语于后，夔不谙数学，何敢漫言？爰举夙昔所闻推验之一端，以验同志，抑以见艺术亦有分途，而法守必宗正轨，则技也，而进于道已。

光绪七年岁次辛巳立夏后五日

姪夔谨跋

壬学琐记

予资拙而多健忘，凡有见闻及屡试验者，随笔记之，不能分其门类，聊当怀中记事珠云尔。

六壬不知起于何时，《云笈七笺》云：上皇三年七月二十九日壬子，太真皇人下授黄帝六壬式图、六甲三元、遁甲造式之法，法威天下，流传予孙。黄黎洲《易学篆数》总论，以《国语》中伶州鸠之论七律即是六壬之法。马端临《文献通考》六壬出于秦；张鉉《说约》则据《汉书律历志注》云：大挠作甲子，占斗罡所建，探五行之精，是六壬当始于大挠，成于隶首。焦里堂先生独云，徐岳《术数记遗》所谓“周公措闷”“孔子三不能”“比老成子四维”等术，即六壬家之天地盘，大抵皆猜度之言。然读《吴越春秋》《越绝书》所载子胥、少伯诸占，与今时六壬无异，则其来久矣。

吴越已观于《春秋传》，左氏好言卜筮，何以不及六壬？然则《吴越春秋》《越绝书》所载，亦难必其真确。而著此二书者为赵煜袁庚，二者皆后汉时人；可知后汉始有六壬矣。近见《天官壬学》一书，内有《端木夫子十二字经》、《颛孙夫子二十七字经》，岂因子贡亿则屡中，子张才高意广，有十世可知之问；故依托而成此二篇欤？何其寥寥数语，初无异人处也！

太乙、六壬、奇门，古称三式，愚意以为六壬最先出，奇门次出，太乙晚出，何以明之？观六壬纯用干支神将推演，并不用九星八门、文昌计神等项，以是知其先出。奇门所用天三门、地四户、天马方则采用六壬矣；太乙所用九星、八门、五符等类则采用奇门六壬矣；以是知二书皆在六壬之后也。三式虽以太乙为尊，但其积算推至一千万年以上，荒渺难稽；况天运循环、国祚修短，何敢豫知？固不若六壬之切于日用而又不干例禁也。

六壬之名，说者不一：有云水生于一，成于六，故名六壬者；宋人也。有云周易以乾卦为首，乾内卦纳六甲，故奇门称遁甲；外卦纳六壬，故称六壬者；祝泌也。有云天一生水、天五生土，合而成六；壬字上一撇斜者，象水之朝东；下一画重者，象地之厚载；中一画长者，纵则为天地，横则为宇宙；六壬与天地宇宙同用，加以水土生育之功，有厚载之至德；故云六壬者，《未悟书》中语也。有云：乾为天，属金，壬承乾属水，壬得天之气，即泄天之机；故云六壬者，张江村也。至《六壬尘谈》则云：本旬有壬将主事，当于排天地盘时，默祝曰：本旬壬某神将护我，判断则自然响应于壬将。本日拜之，则壬将默助，有断即灵；是又以六壬为神祇矣。《金旨占论》则曰：旬内之壬各有所主；如甲子旬壬申，丙寅日以申为财，即不求财亦有意外之得；乙丑日以申为官，即不求官亦有得名之事，否则口舌官非；是又以壬为最重之神，故以六壬立名矣。诸说纷纷，未知谁是，姑集于此，请教高明。

《景祐神定经》云：壬式枫天枣地，朝向东暮向西。董说《诗》云：藜杖谶图文订枫天神，式将移壬。盖古人以枫木规为天盘，枣木规为地盘；向太阳旋而用之，以观上下相加发四课与三传也。

月将即是太阳，以太阳加正时，顺布十二宫，则与天上星宿所临方位相符；故阴阳动尽天人感应。唐朝王远知引其师陶宏景之言曰："六壬精髓，其一为月将，天上太阳随月而异宫，其光普照四方，故万事皆见。月将不误，然后凡事不误；"此语最为明显。宋人邵彦和论次客曰："古次客之法，因数人同时来占，乃用前五后三，换将不换时之例；试之每不验。盖烛照祸福，全赖太阳之光明，故以正将正时为最，其次换时不换将耳，余则不换将亦不换时；惟以各人年命为主，课虽同而理则异，区别悬殊，十不失一。"是亦月将即太阳之明证。乃《银河棹》则曰：错认日缠为月将，而张松源之注又惑于俗本奇门超神接气之法，以交接之后按河图生成数而定月将，殊属无谓。

交月将之法，古书间有异同；然总在中气之后，或一日二日，或三日五日不等。古人所用者恒气，每年二十四气匀派；而太阳行度有盈缩，未必恰于交中气之日时过宫；况其过宫又限定于某宿某度，是以有一日二日三日五日之殊。今时宪书则以定气为主，故太阳即于交中气日时过宫，便换月将，此正合天之妙。张松源之注《银河棹》，以月将并非太阳，宜其另生一法而交月将。乃陈耕山作《三才发秘》误解“步戌成岁”一语，以为正月太阳在戌宫，更可笑也。

“月将不误，然后万事不误；”此至言也。及《指南占验》，尝有误用月将而大事仍验者；何也？盖无心之错，机即随之，故能符合相应。若有意标奇示异，恐未必然矣。

《银河棹》有两种：一种不言遁干，不知谁人所辑，乃杂采诸书而成为书六卷；惜选择不精，又多讹错。一种专用遁干七言诗，仅十六句，又择以四言数十句，以为出于姚广孝。宁波张松源详注《马松源自序》云：“姚少师得此书而藏之内府，正统中土木之变，蓉城孙南华先生于燕台曾门窑中得之，示有师传也。后从史道邻兵宪于安庆，始遇异人指授，遂精其学；余恳求再四，仅以经文相授云云。”按正统土木之变，距史公在安庆时，约一百八十余年，窃恐南华先生未有此高寿，彼松源者，焉从执贽而求之哉？其用遁干虽本《中黄经》，而又分出天地人三遁，已为节外生枝；至于月将贵人起例一切与他书迥异，若依此推断，则唐宋以来诸书咸不可信矣。况广孝初见成祖，怀中出太平钱五枚占卜，并非六壬也哉！

《银河棹》以子至巳为阳时，用阴贵人；午至亥为阴时，用阳贵人，复有责阴神。假如例一课，戊戌日寅时戌将，明明寅是阳时，当用阴贵人；未乃作阴时；而用阳贵人丑；何也？以子之矛攻子之盾，张氏穷矣。

起贵人法，论理当从先天后天之坤上起甲。先天坤在子，故在子上起甲，顺佈十干，不加魁罡，不加子所冲之午，取其干合为阳贵人。后天坤在申，故在申上起甲，逆布十干，不临魁罡，不临申所冲之寅，取其干合为阴贵人。尝读《吴越春秋》，七月辛亥日平旦，大吉为白虎而临辛，功曹为太常而临亥，则知辛日阴贵果在午。三月甲戌时加鸡鸣，青龙在酉，则有讹错。十二月戊寅日时加日出，功曹为螣蛇而临戊，青龙在胜光而临酉，则知戊日阳贵果在丑。《晋书》戴洋传十月丁亥夜半，从魁为贵人加丁，则知丁日阴贵果在酉；是皆起贵人之明证。而《六壬玄女经》其第一系天乙所在：甲戊庚日旦大吉夕小吉，乙巳日昼神后夜传送，丙丁日旦登明暮从魁，辛日昼胜光夜功曹，壬癸日昼太乙夜太冲。此书出于隋朝；厥后徐道符、凌福之、元轸、刘日新、苗公达等咸遵之，则相沿已久矣。贵人治旦暮：或以日出为旦用阳贵，日入为暮用阴贵；或以卯至申时用阳贵，酉至寅时用阴贵。《六壬心镜》注云：用昼夜长短分旦暮，则以太阳出入为准可知矣。

予忆甲戌年闰二月丙子日戌将戌时，卜往维扬，见鬼临三四，水路有灾；幸末传有长生可救。即于次日启行，戊寅日三更，舟为巨石碰伤，大水冒入而受大惊，是子鬼乘蛇之故；然则丙日阴贵在亥矣。若以酉为贵人，则子鬼乘元武，当主盗贼矣。

《金匮》、《玉门》、《曾门》三经，似觉太简，盖作书之初，断法未备，后则踵事增华，又未免稍有穿凿；至《中黄经》出遁干，则六壬中之一变。

《中黄经》之名见于焦竑《经籍志》，然不知谁人所著，是书各家抄本错漏遗误最多，难以较正。家惠仓小阮得一本于淮阴，其注明白直捷，虽用遁干而不专凭遁干待散；何为初建？日干五子元遁是也；何为复建？时干五子元遁是也。以建干多寡逐情而变，不执本支五行，由是观之：生中有鬼，财中有克，穷在建干变化也。朱恒又曰："若取来情，当以聚散鬼救论；若断休咎，只用日干为主与正时三传生克论始终平安，不必用变求奇；古人有云，求奇反不奇也。"愚按朱恒此言最为明显，历观徐道符、元轸、苗公达、刘日新、邵彦和诸公占案内，何尝凭遁干断吉凶耶？朱恒，元末明初时之松江府人，见于《一字诀玉连环》跋；又见《五要权衡》跋。《中黄经》中《五恶章》，予尝试之，己酉年六月二十五日占天时，戌时午将得己卯日，干上卯虎，三传未卯亥木局伤干，贵占天门，断其即有风暴，屋倒墙坍之惊。果至次日未时，迅雷暴雨从西南而起，仰见一红黑二云，或高或下，各处墙屋斜倒，人以为龙吼相斗云。《一字诀玉连环》最重占时，予尝试之，果验。不第占来意用之，凡占时与初传相冲，或与类神相残，或于正课有碍，便多不利，即以课传全吉，亦主阻滞。

六壬最重正时，正时者，吾心忽于此时发动，自与天机感应也。其次则以雷击枣木制盒摇时；至拈门抽签等法，尤不及报时之准。但报时必须随口，若稍迟回，则天机不在。或云：壬将静则在位，动则周游天上人间，凡事皆知；故一旬之中各有本旬神将主事，即不占之时，壬将亦在；不在一身之左右，即在书盒之左右。故凡置盒之处，皆须洁净，则神将敬服，有断即灵。

雷击枣木盒，以赤珊瑚为珠，此古法也。近见《兵帐赋》氏朦矢路执示投注云：式者，六壬式也。以击盘画十二宫，（按击盘二字不可解，内必有错误）内写十二神辰，用雷击枣木或檀木竹十二弹，每弹上刻一辰，十二弹刻十二辰为十二将，遇昏朦各按月将取其弹投于盘中，盖覆摇动，俟定启视，其弹落于何宫，即作正时占之。愚按：比枣制更妙，故录之。

虎乘遁鬼，《毕法》言其极凶，予占恒得之，亦未见大凶处。惟虎乘干鬼而遁旬丁者，凶动最速。如己巳日干乘丁卯，夜贵作虎星也。郭氏所刊《毕法赋》内有错误一条，今拈出之：“避难逃生须弃旧”注：己酉日干上亥、辛丑日干上未，此舍益就损格。盖乙酉日舍去干上亥水之长生而就酉支之鬼克，辛丑日舍去干上未土之生而就丑支之墓；所谓舍益就损也。乃错列于舍就皆不可格内。舍就皆不可格，惟有庚子日干上辰，生我者既空，而庚加子支，又脱我之气；庚午日干上戌，生我者既空，而庚加午支又为日鬼也。己日卯加巳，夜将乘虎而克干，其上所载之课式亦加巳，三传卯亥未，而《大全》则错作卯加己其上，所载之课式亦是卯加巳，三传丑亥酉。又《大全》少刻眉批一则，蛇虎乘丁格。原本眉批云：白虎属金，故止六甲日忌遁旬内之庚，螣蛇属火，故止六辛日忌遁旬内之丁，此批甚为明畅；乃

《大全》失之，可惜也。

下博郭御青先生，因梓人徐振南之请刻《毕法赋》二卷、课经集四卷，共六卷；每卷首页有“徐振南梓”数字，是知为初刻之原本，后不知何时复益以七卷，共十三卷名曰《大全》，将原本中《占验存略》一篇、兵占六课删去。尝读《明史》艺文志有袁祥六壬三十三卷，后观《苏州府志》知袁祥为元和县人，有《六壬大全》三十六卷，此书必有可观，惜遍求而不得。若郭氏所较辑者，虽曰大全，实多缺略，况较对未尽善欤。

凌福之《毕法赋》，因用邵彦和断案而作，而复参以心得，故其书从考验中得来，非揣摩五行之比，然亦有矛盾处。如“干乘墓虎无占病”注内既云：“辛酉日丑为空墓，犹为畏也。”至“受虎克神为病症”注又曰：“辛酉日丑作空云容易治疗”是也。予尝为人占病，得此课者毫无一生；纵二月占丑是生气，亦不能解；惟年命在辰，则未冲丑墓。邵氏断案惟有己巳日干上卯，三传不用卯寅丑而用辰卯寅；疑《毕法》因此一课而推演者也。

有阴阳之比，有五行之比，比用课取初传阴阳之比也。《毕法》于甲辰日干上戌，不取戌加甲而取子加辰，以为戌土畏甲木而不比，是拉入五行之比矣；亦似可商。

《毕法》一书，最为纯正，亦宜融通活法看之，不可拘泥。予忆五十七年正月初十日，族人元正先生占终身财福，其时未交春，尚是丑建；庚辰日子将未时，丑墓并月建加干，根土太固，恐非中传之未所能冲去；况寅是本命，落于空克之地，休囚无气，末传子水螣蛇又脱日干，安可以求财大获格断之？后果蹇滞。又嘉庆十四年三月庚辰日酉将辰时，苏允文乙丑命，占将来就何处口岸，财利若何？得求财大获格，予见天网自裹，命上虎鬼象最凶；况寅马落空，非特难动，须防灾病。后果未往岸店，次年正月暴亡。又十九年正月十八，汪应璧先生丙申命占课流年，得此课予亦不以财福断。支上行年上见酉为日刃也，为病符被勾陈夹住，主旧事缠绕不清；财空主财不聚，难望如意，后果如占。二月患外症甚危，盖丑墓带血支血忌阴神虎鬼，支上病符，占流年以行年为主，行年上亦是病符故耳。其先予未断出，其危而获安者，犹赖未冲丑墓；行年上既见比劫，财福定不相宜。今人论行年，有交生日未交生日之殊，此法盖本之邵氏，然观其断案内，止有三课如此，其余不然。

长生至胎养十二位，宜从五行论长生，以次顺布为是。今人亦有以十干分阴阳顺布逆布者，盖因所传之书非人，无折中之故也。又以日禄临官合而为一，势不能不分出阴阳顺布逆布，则日禄即是临官；殊不知临官与日禄本不相蒙，故《毕法》旺禄临身之法谓日之旺神，又作日之禄神也，此惟阴干有之。如乙日禄在卯，而乙木长生在亥，亦旺于卯；丁日禄在午，而丁火长生在寅亦旺于午；辛日禄在酉，而辛金长生在巳，亦旺于酉；癸日禄在子，而癸水长生在申，亦旺于子；惟己日不能相兼；故注云：己酉、己亥、己巳干上午，虽不系己之旺神，亦可用也。且予尝征之占验，如辛日干上丑，无未相冲，占病不救，日墓故也。若辛金长生在子，则丑是养神，当不至于此之凶。己日干上酉占事脱赚，占人贪欲，日败故也。若己土长生在酉，当不至若是之咎。乙日干上亥，六处无土克制，占病沉疴获起，占事利益恒多，长生故也。若乙木死于亥，则死神临身，必不至若是之吉。此皆屡试而屡验者，其余不能枚举。然则习六壬者，何必惑于他歧？反滋疑而莫能断耶？

日干投墓，占病更忌。即日年命上有冲墓之神无益也。《心镜》六般入墓列于第四，不过次序如此，非其凶气轻于三项也。巳年申月辛未日午将酉时，占戌命人病，日干临丑墓，三传亥未未，土重埋金，皆非吉象；况未是三垢，丑为五墓，行年上太阳为鬼，回光返照能有几时？即断此病不起。果七十有九日而死。己丑日辰仍是日墓，干上未，中末未，命上未并不见其能冲丑墓为是，亥水为初传而遭群土之克，恐其凶尚不止此，奈何？或问曰：土长生在申，一作在寅，未知谁是？余曰：土长生自宜在申，不宜在寅。如戊己日寅木克干无救者，是其证也。昔者李觉子卜易，以天时而参验五行，见土为父母，有应申日雨者，有应子月雨者；又见土为子孙，有应申月晴者，有应子日晴者；盖申为长生，子为帝旺，是又一证也。或曰：凌氏《毕法赋》以六戊六己日干上子，正月占主有孕；故曰：戊己当绝在亥上，恒明知子是胞胎，此非土长生在寅乎？予曰：此凌氏两歧之言也，彼不云妻才作生气，纵不作胎神，亦可用乎？然则戊日己日干上子，正月占主有孕，妻财故也。况其孕止其一端，而戊己日以申为长生，以子为帝旺，以辰为墓庚，以酉为败神，以寅为鬼贼；为吉为凶，未可悉数。试取古人占案及己所常占者，验后而细详之，当亦憬然悟矣！

予友吴稼云先生尝云，周易言象而不言生克，故六壬家亦宜观象定吉凶，而不可以以生克定吉凶，此稼云先生一家之言也。夫周易不尽言五行，故不论生克；六壬专言五行，则不能离生克。十二神将之所属，即象也；或生焉或克焉，即象之吉凶者也。古人又患人之情伪，事之变幻，非生克两字可尽也，于是曰德、曰合、曰刑、曰冲、曰破、曰官、曰刃、曰旺、曰墓、曰死、曰绝、曰胎、曰养、曰败；所以参其象而尽其变者也，然后吉凶悔吝无所逃于三传四课中矣。稼云先生学问渊博，深于古文，尝与予谈六壬，终日不倦。其法重初传，重丁神，以为神兆机于动，既得其动，然后融会全课体象而断之，不可枝枝节节；盖初传与丁神皆课中之动者也。按先生此言最为微妙，是佛家上乘工夫，予愧未能造到此境也。庚午春予自维扬归，见先生于崖市，送寓言谈，侃侃仍如往年，今则宿草凄凄矣，悲夫！

吉凶成败虽有德合等之繁，究竟以生克为主。如壬寅日伏吟，虽曰干支上下相合，无如支辰脱干；乙酉日伏吟亦是干支上下相合，无如鬼临三四；脱气鬼克，安得为吉？昔族兄廉阶先生精于医学而不遇，时有郑姓之友，许为其榆扬传医道广行，先生因索占于予，得壬寅日伏吟课，予曰：干支上下相合，究竟脱干，所谓有言不信；况巳贵空亡，何益之有？后果如占，此壬子年五月十五日所占课也。

谚云：熟读王叔和，不如见症多，故六壬家亦以己所占验者，信而有据。古人多好奇之论，信笔之言，如《管子神书》有天官天将断不能相兼者；《指掌赋》中有断无此三传者，有天官断不临此处者；乃作者居然作之，注者居然注之，不可解也。他书信笔指鹿为马者，更难悉数焉。今将顺逆连茹数课中无此三传者列于左：子丑寅无、卯辰巳无、巳午未无、戌亥子无，以上顺连；亥戌酉无、酉申未无、辰卯寅无、惟乙巳日邵氏取此三传。寅丑子无、以上逆连数；顺逆间传无此三传者：午申戌无、戌子寅无、以上顺；申午辰无、子戌申无，以上逆。顺逆三合课无此三传者：丑巳酉无、巳酉丑无、午戌寅无、戌寅午无、卯未亥无、以上顺；辰子申无、丑酉巳，以上逆。十二天官中惟贵人天空无处不临，其余有临不临：螣蛇不临戌亥，白虎不临辰巳，朱雀不临酉戌亥子，太常不临卯辰巳午未，青龙不临戌亥，天后不临辰巳，勾陈不临酉戌亥子，太阴不临卯辰巳午，以上皆指不临地盘而言。若天盘惟贵人天空不乘辰戌，六合元武不乘丑未，其余无支不乘。

《心镜》占同居人为贼歌云：一家之内十人居，一人失物九人吁；未知盗者定是谁，欲占先以将加时；若有人年玄武下，此人盗去更无疑。此说未可从也，何也？玄武不临寅卯辰巳午未，岂为贼者皆行年在申酉戌亥子丑者耶？依此推断，恐反诬良，不若仍以玄武、初传、官鬼参看为稳，推而言之。《指南》占验以玄武临戌，风水在西北山岗，亦是偶中；特据此推断，岂无在东南方之风水乎？若《中黄经》之占盗贼，不尽看元武所临，而必参之以生克，测之以三传，可谓得其三昧矣。

凡占事之重大者，课体最重。若课体不吉，即有一二吉神，无补课体之疵也。甲戌年十二月初三日，诸公在郑典五翁花园内，为鲍右曾先生预馔大寿，右曾先生从院上来，盐台何公嘱其占拜奏摺旨意报回若何？生意、盐务若何？得己未日井栏格，予曰：“巳火皇恩发动生干生支，天后为恩泽之神，又在干支之上，入中末两传，必蒙公允，且有叠叠恩赐。但井上架木，易欹易斜，且一火陷于众土之中，为力不久，恐盐务无起色耳。”后果一一如占。

今人占课，除家宅、风水、婚姻、六甲、官讼、谋干外，往往不看支辰，此大错也。须知干支为两仪，不可偏废。如占天雨，以干为天，以支为所占之地；占考试，干为举子，支为场屋；占求官，干为求官之人，支为所历之任；占谋事求财，干为我，支为所求之人；占出行，干为此处，支为彼处；余依此推。故每一课演成，先省察干支上神，心中便有把握；然后详玩三传，则事之始终定矣。

崇正丁丑年五月戊辰日未将辰时，郭公御青为姚君占任所，干上青龙申金，支上未土天空，三传亥寅巳；郭公以为官马临亥，亥为卫，巳禄临寅为燕；任所非卫即燕，后选周之新野，课传全无影响。后详玩数日，方知四课暗拱地盘周地之故。郭公此断，未免牵强。须知支为任所，支上未土天空，土即野也，是日初交夏至，太阳初到未宫，即新也。丁丑年五月戊辰朔子正一刻夏至，见于崇正万年书。若清朝万年书，则在寅一日。新野二字，其象如此。又癸亥日辰将丑时，为刘公占任所，干上天后辰，支上玄武寅，三传辰未戌；以为干支上神拱地盘子，子为山东，子上卯为草心，有草头之处；查现出之缺，有莘县、蓬莱，必是蓬莱；以子又为水乡也，后果选蓬莱。殊不知支为任所，支上元武寅木亦草木之象也，况元武乘寅加亥水，蓬莱乃登州府，属东北，皆海，寅为东北，玄武水亥水即海也，又玄武乘寅加亥长生为道士，寅为山，彼道家有蓬莱方丈之山在海中，为神仙所居，是亦其象也。若云干支上神拱地盘子，殊不知癸亥日临无论上乘何神，皆拱地盘子也。忆昔壬子年巳月己卯日，郑君衡翁占乃叔辛未部选省分，得伏吟课，彼时予尚不悟支为任所之理，只看日禄临午，当在南方，次年选在福建，分野在丑，课中全无影响。逮后悟得支为任所之理，支上卯作六合为门，福建为八闽，固有门字也。又辛丑日未将寅时，鲍石曾先生占尊人柳堂先生当升何官，予曰："干上卯，支上午，一旬周偏格，午为礼仪，又作旬仪，上得太常，其太常寺正卿乎？"果应。

占逃亡，古法以支为宅。予尝以支为所逃之处，往往应验。往年里人名长六者，占子逃亡。予用李九万法，以卯为类神加于未，断其逃往西南；支上午，午为街市，崖市在吾里之西南方，命其往崖市寻之，次日果于崖市寻见。又辛亥年除夕，廉阶先生占一邻妇因争斗而逃出赴水者，得庚午日昴星课，并无凶煞，河不覆井，知其未赴水矣；太阴为类神加申，尚在西南，支上未贵生太阴，未为老妇，当有老妇劝回，果逃出遇西南方之老尼，拉往尼庵一宿，元旦送回。予始悟贵人为神佛，未为华盖，故在尼庵耳。又癸亥年七月，江恺堂先生占门人走失，巳将寅时，己未日八专课，干支上皆太阴乘戌，初传亥为闭口，皆是藏匿之象，不主走飏；但闭口发传，无人肯言；太阴为老妇，又为神佛，无向僧尼寺庵中寻云。谁知此门人是被老乳妪藏匿于香火橱内，所以恐吓先生不敢督责耳，为蒙师者难矣哉。

又乙丑年三月二十日午时，有占妾逃亡者，得甲辰日干上午支上申，三传申子辰，予曰：支上会成印局，申属坤之为母，是必逃亡母家。妾逃责酉与太阴，皆临长生之地；但不入课传，而合中犯煞，虽寻得而不能合矣，因即往稻田伊母家寻之。伊母坚云未归，直至酉时母家着人来报云，已于大六望亭寻得首饰也。又汪天赐兄占妻舅走失，戊子日申将未时，癸巳生，二十一岁行年戌作元武临酉为西方，支上贵人乘丑，在神庙内无疑，况阴神功曹又带雷煞也，但驿马发传为顺连珠，亦不定在一处；干上午为遇，与行年戌、初传寅成三合，寻之可见。是人初逃往灵山天竺阁蹲一夜，次日逃于崖镇之下庙，因而遇得之。

占家宅须分新宅旧宅，或求宅得失，或卜宅吉凶，不可混同。以干为人，以支为宅，此常经也。若问新旧两宅谁吉，则又以日上神为旧宅，支上神为新宅，故不可混同也。大概占宅吉凶，支上克干便为不吉，鬼临三四更凶。予往年曾卜一宅可居否，得甲戌日干上丑，支上酉鬼临三四，畏而不敢居；因《毕法》有“鬼空无畏”之说。又见亥水长生在传，仍还居之。谁知自甲寅至癸未十年，虽财窘而人口平安，且添二丁；至甲子年亥水长生一空，予便大病，辛未年妻又大病；庚午壬申连丧二子，癸酉又因他事耗财，皆由此十年长生既空，则申酉之鬼为患也。甲戌年后方安，因长生又实耳。予既自误，敢告同人，且以自警。

邵彦和先生为人占求宅基，庚寅日寅将酉时，干上丑支上未，三传子巳戌，断云：“大凡占求宅基，须看支辰；今支上空亡，此宅不可得而图也。”是知有宅可指，须看支辰。又云：中传巳乃长生作太阴，是买得老妇人店业，便是宅基，是知传中既有长生，便可舍彼而图此。善学者悟之，一切取舍趋避之道，皆可得而知矣，岂第求宅云乎哉！

取舍趋避之道，莫妙于《管子神书》之总论。其首章云：干支传课作提纲，先审安命无所伤；事业一生经历处，存亡隐现莫明详。项章云：干禄得地守求加，略有些伤支用寻，壬到好边方住脚，有些疑惑不堪信。三章云：或财或比或生身，要把无伤细酌寻；得个稳中方住脚，莫令衰败又无存。四章云：先从干上作原因，次把用神配合寻；初不成传须看二，方知此事得何神。既此四章意，又以日禄、日财、日比、长生为吉，须择其无伤损者而趋之也。

吴稼云先生以“邵公丙戌日子将未时，为乙亥人占终身课”是全案中最得意之作，熟玩乃见其精，盖取其断法灵活，不专在生克处讲求耳。

休宁程先生精六壬，有叩其学者，九圭曰：是全须精神，吾尝澄心息虑，以先天之灵，得自然之妙；其所言者，百不失一；心有所寄，而强为人断，虽有数学诗书，终不验矣。

族伯吟园先生，名廷和，字用修，善六壬。尝与众友同舟赴乡试，共占一课，以占诸人谁中？其吉神吉将咸在己年命之上，先生喜曰：惟予得中解元，诸公无望也。众友共讥笑之，及榜发，乃中第一名副榜。此中必有玄微，先生未探计耳。先生又尝卜地葬祖，曰：可发一榜，后辛卯科，其侄仲开先生果中第十九名举人。吟园先生予未及见，尝闻其设帐于褒家旦。一日东君戏问曰：先生知今午之肴乎？先生占曰：是必风鸡也，然公不可回，回则不验矣。少顷，东君托故他往，实回家省视，果是风鸡，乃命易以烹鱼，然后进馆。及午，仆人送烹鱼至，东君笑曰：先生课亦不验耶？先生曰：砚下有纸，公可试之，乃“风鸡变鱼”四字，主宾大笑。惜乎先生不留存案，予尝问仲升先生何以知风鸡变鱼？仲升先生曰：往年得闻吾伯云，因课中有丁马，故知其动而必变。

《毕法》之论丁神，不过金日水日及虎遁丁而已，及《管子神书》则触类旁通，其法大备，然丁神不过如卦爻中之重，其吉凶仍在神将，不可不知。

六壬变化不可方物，即无丁神入传，其变化亦非一法可定。《磨镜药》、

《精蕴》、《前知》等书，虽言白条畅，便于初学，微嫌拘泥太过，更失之于信笔，非征验之书也。课名多有不可解处：如四上克下为无禄是矣，而四下贼上为绝嗣，其意何居？《订讹》则云：下克上为绝嗣，以上不容下也；四下贼上名无禄，以居下而敢犯上，上必夺其禄也，此说微有委曲。官应震则云：此二课须交互言之，总之：一则犯上，一则陵下，皆属不利。及《磨镜药》、《前知》书中，占六甲以之分男女，并不言吉凶，何也？《心镜》占男女歌云：用神克下生男子，范蠡三更奏越君。原注引《越复经》云：越王四月辛巳日申将子时，命范蠡占郑妃产，蠡曰：上胜光克下，必生男。《袖中金》则作四月辛巳日申将子时，巳火克酉金；若用《通龟》则作丁丑日申将子时，巳火克酉金。《御用六壬直指》因之，然予查《越绝书》、《吴越春秋》亦无此占，所谓《越复经》者，予未之见。《袖中金》则有讹错，但《磨镜药》等书，又云《心镜》有此歌句，而改为“四上克下贼上”，以为更准，初不计其凶灾也。

六甲占男女法，前人皆以曲直炎上为男，从革润下为女。予试验以来，惟曲直为男、从革为女确不可易，至炎上、润下则不然也。窃思前人盖以木东火南，东南为阳方，故生男；金西水北，西北为阴方，故生女；殊不知申子辰、寅午戌、亥卯未、巳酉丑此局也，非方也。三合局中究以仲神作主，则子属坎为男，午属离为女，此炎上、润下所以不然之故欤？往年西商王洁庵翁卜妾孕，得炎上，断其生男而得女；霞表弟占妾孕，得润下，予已悟破此理，断其生男而不断其生女，及今晚果得男。

占失脱，须看课内类神。古人有详，支上神将而知所失之物者，此则予未当试验，不敢妄言古法。又有以初传为盗去之人者，此则有验，亦未可尽拘。往年汪宅失一金饰，占得天后乘巳发用而克制酉金，知其为妇人盗去，因年命上诸制巳火，断其可得。又鲍宅失一玉猴，占得丙午日干上午，三传申酉戌，予曰：支加干已出外矣，初传申为猴，次传酉为玉，明现此象而入末传之火库戌，戌为奴作螣蛇，是奴仆盗去无疑，不必指初传为盗也。考酉为太阳而临申金上，干上午又制类神，必可得也，二课俱验。但徽州失去玉

猴，次年从汉口卖货处得之，不知何故。（占失玉猴课，是乙丑年三月二十一日酉将申时）

指南占验，颇足效法，惟乙酉日占风水一课，似有可商。又有占官讼一课，日辰错误。窃意风水之占，与家宅大略相同，以课名而知其大概，以支辰为地，观其上神与日干较生克冲合而知其吉凶；以三传神将知参合神将意义，知其发何等人；看鬼煞之所临知其支干中何命不利；果能如是亦足矣！若必断其何处山岗、何处来龙如何、龙虎如何、形像如何、山向如何、明堂如何、水法如何、徒然动人听闻，毕竟依稀猜度。须知山川之形势无定，类神之生克有学，未必一一合拍也。《玉藻金英》一书虽然详细，亦须节取。(后有脱漏）元武，予亦常应六合。盖六合为和合会合之象耳。往年有考验行人一篇，皆四书集句，今已失之。占音信，虽以朱雀为主，然胜光、信神、天鸡皆可参看，得朱雀加于支上，信到必速；加于干上反迟。凡朱雀入传而见丁马，朱雀三合之期必至。

占疾病亦须兼看类神，若类神不现，则可照常法断也。予昔年为人占母病，见官鬼旺而无制，以为不宜，后一月而全愈。后取课式详之，盖三传官鬼生占人年命上之父母故也。因思《毕法》有父母空亡，占父母病必死，占子息之病无畏之言，是占病要看类神，《毕法赋》已言之矣！

饶公亮彩以《心镜》为秘书，吴公稼云以《未悟》及《管子神书》为秘书，二公谈论六壬，常意见不合，然遵《心镜》者占验较多。予见吴公占验，惟甲子年八十二十日丙子，占歙县中举几人，得伏吟课，吴公曰：当中五人，予与饶公竟莫测其课理，叩问吴公，公大笑而不言，迨榜发竟应。

是科江名九先生铭中式第二十名，先是六月甲子日未将辰时，江象坤兄为其占乡试，断其必中。予与饶公嫌青龙内战，朱雀空亡，俱未敢许，迨榜发，报云。饶公来问予曰：此粗心断课之过也。夫青龙是官星相气，朱雀加年命之上，未见太阳不以墓贵为墓论，予以为深服。饶公之好学，所谓因败而成者其势进。

斩关课，诸书惟言利于隐遁、逃亡、出行、厌祷、合药、书符等事，殊不知亦利于行师。《五代史贺环传》云，事郓州朱宣为都指探使，梁太祖攻朱瑾于兖州，先遣环与贺怀宝、抑存等，以兵万一人攻兖州，环趋待宾馆，欲绝粮饷道，太祖略地至中州，得降卒，言环等兵趋待宾馆矣。以六壬占之，得斩关以为吉，乃选精兵夜疾驰百里，期先至待宾馆以逆环，而原黑夜兵失道，且至钜野东，遇环兵击之，环兵大败，梁兵急追之，环顾路穷，登塚大呼曰：我贺环也，可弗杀我，太祖驰骑取之。

独足课最不吉，邵公为人占买卖，得此以为独足宜舟行不利陆行，舟行必加倍获利，是说也，予未尝试，未敢以为必然。往日理中有为众事而垫用己财者，因向予占，问公家肯认还否？得独足课。予曰：重重脱气，玩一独字是尔一人耗财，公家不肯认还也。又六安张东翁辛未年占代办六霍口岸，得独足课，予曰：独足难行，重重脱败，定不如意；支为店业，既乘败神，已为废岸，三传再败，无可挽回矣。二占俱验。

独足课主伤子息，庚申年三月一人占门楼倒塌主何？家病者五人，是日已交立夏，叠叠死气作六合，凶危极矣。

二烦课诸书极言其凶，予为人占升迁之，未见有甚大凶处。因思日宿即太阳，人所易知，月宿乃太阴，太阴有迟疾，其缠度过宫，人所难晓。古法正月朔起室，二月朔起奎云云，与天上太阴缠度六合，诸书以讹承讹，所云：某月某日月宿在某宫者，又何尝在宫也？乃纷纷言其大凶，知其并非欲验，不过相沿旧说而矣。大抵二烦课从三交课中来，凡得三交课，须查七政时历书，此日此时太阴躔度果在子午卯酉宫而发用者，方不错。其天寇卦，日宿加离辰死，其卦月宿在天罡，皆以七政时宪书中躔度为准，不可草率。

占此现彼，壬课最多。忆戊午科七月，予在杭州，德安孝廉余梅波先生卜来年会试，得丙子日返吟，死神加干，死气入传，皆为日鬼，常作德绝。予曰：“此课会试，而应人口夭亡？”先生警问：何人？予不便直言，答以兄弟等辈。惟私谓予友郑体功先生、吴友陶先生曰：梅波先生不能过十日矣。十日果殁于场田竹溪寺。又忆庚申年十二日予客仪征，族兄宰传占来年专官，得壬戌日返吟课，德丧禄绝，鬼临三四；且死神死气各在干支是大凶象，劝其捐官且缓，急宜照应人口，保重自家。盖本命壬申加寅为入鬼门，而辰惟忆其妻之母后来周倒，次年复月无故自经，及回煞耳不可见，大惊失色，越六日即云“异哉”。

大抵事关紧迫，则神明不报所问之事而报未问之事也，犹神告曰：大限已终，何必求名。不独占此现彼，又有来人心怀数事欲占类事，殊不知神将于第一课中俱报者，不可不察，此即王园知所云“止问我一事，殊不知此课中事事可问，事事可断。盖世人来，已将他通身逐件包括在课中”之意。戊午年八月浙江乡闱之后，兰溪柳书旂先生于十九日庚戌，先报子时占乃尊己酉命在家安否？再报未时占自身丙子命今科中否？予见子时第一课，干为尊长，上得青龙戏水；初传辰土是父母，中传申是其长生，末传子是其帝旺，定主安康；命上丑墓遁丁神，不过痰火为患耳。又因青龙戏水主东事，子水为子孙，是因子孙而有东事也。子是书旅先生本命乘青龙，申是行年为日禄，年命与辰土旬首结一子孙水局，更主因子命子孙有耋事而致东也；朱雀虽不现，却乘月建加长生，缘子时第一课即应高中，不必推第二课而知矣。是科果中，其父病痰火而平安。

吾徽卖卜者占病不言吉凶，而专言祭祷，此实向来陋习，然周易有用“史巫之辞，”则亦未可尽非。

壬子年未月庚申日未将辰时，有占兄丙寅病者。予曰：“日干加巳，而巳复加寅命，并丁马克干，是往东南方得病，巳为妇乘太常为孝服，八专主滛泆，丑墓发用，纵有滛泆之心，而无滛泆之实，得毋往东南方见孝服妇人而动心，故得病乎？”巳为生气非鬼，而干支乘死气巳火，为巳火之夫，既来叠叠脱干，是其乃夫之鬼不依也；然究竟夫鬼病无忧，太常须祭祷，脱多宜补剂自愈。果此人因有郡中回家，行至沙洲桥见一孝服之妇，而评价甚亵，到家即病，日渐昏沉。其家问予，问之不答，乃访问同行者，始得其详。次日病人忽作呓语，似婺妇之夫凭身，责其出亵言也者。其家祭祷方安，兼服芪术而愈。又是年七月有壬辰命人从武陵得疾与妇者，其侄来占云，午将辰时得丙申日，三传子寅辰。予因蛇墓加支带天目，天后为鬼，既从墓上发传，主有女祟缠身，所以昏沉不醒。干上小吉可以制鬼，中传功曹长生，末传天罡虽空，却是本命，可以冲去戌墓；又向三阳格皆主无虑，然未为祭祷，须用史巫送之。此人因游西湖花神庙，见塑容端丽，竟动痴情，由是得病沉重，后乃祭送而安。可见天地间实有鬼神，吾人一言一动，不可不慎也。

怪为圣人所不言，然既现于课传，不能不告之，使其趋避。辛酉年五月，有郑姓占宅中何年得子？予见天目煞临干带丁神克子息，断其家中有怪，难为子息。郑云：去年往九华进香，谁知带一怪而回，扰闹不已，夫妇同床，则闹尤甚。予曰：中末空亡，不久自去，去后方能得子，果应。又乙丑年九月予客兰溪，有三五秀才占宅，内一赵姓者占得天目加支，又带火怪光影等煞，断其家有狐怪放火光。众人佩服，求禳解之法，予劝其修德以压之，今不知若何矣。此二课惜失记日时。然天目临支，亦有未应者。丙辰年四月乙未日，族人有名节贤者，庚午年生，占宅得伏吟课，白虎乘天目墓库加支，主有伏尸为患。课传纯财克去行年子水印绶，断不可居。希贤于袖中出一课单，系十年前罗日亭先生为其占宅，丁卯日卯将未时，亦断其宅有伏尸不利。然其家并无响动怪异之事，惟人丁萧索，孤寡零丁，希贤越两年亦殁。究竟有伏尸与否，终不得而知也。

罗日亭先生学问渊博，知医，善六壬，每遇疑难之症，必以六壬决之，徽人称之曰半仙。予乡去先生之居，仅二十余里，惜未及门求教，是一憾事。予姊丈之父汪又胆先生少年得一怪症，耳中如闻人云："齐桓公、晋文公皆霸诸侯也。"目中便见一霸字，初小复大，极于弥天匝地，而人便晕绝，次日方醒，即瞬目亦见之，每月三五次如此，诸医俱莫名其症，乃延日亭先生诊之。先生诊后占曰：此怪痰为患也，不必服药，宜饮高粱酒百斤便愈。如其言饮之，未至百日已愈，乃不复饮。一日遇日亭先生于他处，告以未饮百斤已愈。先生曰：尔病虽愈，但饮酒不如数，则根终未除，老年因喉疾亡。后至七十八数，果如其言，其脉理数学之精如此。

距呈坟县五里，曰杨干，有王牧夫先生者，六壬尤精。先生名谦，号师孝，又号种道道人，久客维扬，求占等户外之屡常满所。有《六壬占验存略》两册，断法专重取象，与吴稼云先生见解相同。其贵人起例，壬癸日昼用卯夜用巳，馀日与诸本相同。其论行年间有取行年上神之上神者，令人不解。如六十岁行年在丑，丑上见巳，不以巳论吉凶，而以巳上之酉断吉凶也。

都转卢雅雨先生见曾亦知六壬，尝请牧夫先生占升迁。辰将丑时，得丁卯日三交课，三传酉子卯；卢公以为三传递生人举荐，必升。先生曰：生我者闭口，不能显荐，况年命皆在未，乘戌空亡，不能著实，何能升迁？三传乃大概之象，年命方切己耳；后果未升。丙子年九月占课，壬午冬告仕。而同按年命乘空，虚而不实；斯开一种新法门，予尝试之有验。其闭口不能显荐，亦属《毕法》所未备。家惠苍小阮好六壬，常借各种书遗予，为山东因提店巡检，犹寄牧夫先生论六壬数则，今于笥中检出备录于复，以免遗亡。

牧夫先生曰：生合有情，必搜其本；刑克无情，必究其根；则富贵穷通，可以据数而言之矣。夫时者，动也，吉凶悔吝生乎动，时，一念之动也；不动之前，阴含阳也，既动之后，阴阳分也；一念未动之先，阴阳未分，吉凶何由而见？既动之后，则为先锋，得推而测之者矣；一念之动，不可不慎也。推测之法有五：一曰诚意，意不诚则精神荒乱；二曰静心，心不静则妙义难通；三曰观理，理不观则专一隅；四曰测向，向不测则论雷同；五曰推义，义不推则数同胶柱。

数之吉凶，虽系乎占者之所向，而数之变化则在乎卜者之精粗。神以五气旺衰而告之卜，以六义吉凶而明之干支，犹未卜占也。神明之告之占之，求其权在于卜师。神告吉而师测以凶，神凶而师测以吉，此谓之心不静，而误占人不浅矣。圣贤之理，非止一隅，而学者之心粗，只宜两片，遂使神化轧粘，奇文隐合，此又非占者之过；乃学者胶柱鼓瑟耳。故先贤以未卜之先，以观其动，于其坐立之处以察其方，然后洞察正时，详格值事，合乎干支三合年命，而四方八面，玲珑剔透，不使丝毫窒碍为遗恨也。学者用如是断，能事毕矣。戊辰又七月牧夫王谦识。牧夫先生又论行人：行人知其何时为，马临鬼地识其端。盖鬼者，归也。又解《中黄经》十一日丑将甲午日午时占行人，年四十二岁，干上酉乘勾陈，三传酉辰亥，《中黄经》以贵人逆转，当取卯为门，门上神是戌，戌中有辛金克日克行年上寅，又寅是酉舍克日行年、主不归。牧夫先生则曰：此主行人在远即不来，况身有官非口舌勾留，如何得动？况干乘鬼马作鬼，行年入墓，上见德禄，留恋他乡，何能得动也？

《心镜》占行人不知何方者，专看行人之行年所临处定吉凶，《指南》遵之。若不知行年则以支上神详之，此法出于《龙首经》。《龙首经》云：若不知行年者，以日为行处，以辰为行之地，日之神阴与神之神阴，与吉神并即吉，与凶神并即凶；按《龙首经》看日干日支甚是，以辰为行处，尤为的确。愚意以为即知行者年，亦当以日辰参看，而辰上之神并第四课，皆可测其所在也。读《龙首经》知古人即以六壬选择，今惟张九仪用之，所著《仪度六壬》又较《龙首经》为详矣。通书中不将日宜嫁娶，以及人道、天道日、游神等起例，皆见于《龙首经》，而选择岂数典而忘其祖也，久矣！

问：疑《龙首经》不知出于何时，观《吴越春秋》内伍员范蠡文种诸占，惟引《金遗》与《玉门》而不及《龙首》，及葛洪《抱朴子》始有《龙首经》之名，颜之推《家训》亦言及之，则其书殆出于晋时欤？近见孙湄如先生刊本，其自序云，考其官衔，知为汉人遗书，于是前疑顿释。

宋仁宗最嗜六壬，故其时习此学者其多，而以元轸、苗公达为最。至徽宗高宗时，邵彦和一出，又驾诸人之上，理宗时有凌福之本邵公之法作《毕法赋》，于是诸法咸备，至平至当，一扫疑神疑鬼之习气。至今朝则以六壬、三命诸术考试司三台之学生。时有徐次宾者，精于其术，著《一字诀玉连环》皆六壬一脉相传也。至于《风髓灵》之节外生枝，《六壬通元》师巫邪说。更有一知半解之人，偶然凑合，便立为法，无怪书愈多愈晦矣。北齐颜之推曰：世传之书，皆出于流俗，言辞鄙浅，验少妄多；然哉！

邵彦和先生所著《口鉴》，今无完本。《断案》之散见于各书者不多不全，予三十年来自徽而杭而苏而扬，各处搜罗仅得二百馀课，其人断语为后人改窜者，时亦有之。此凌福之所谓“后人恣已见作繁文以杂其真者”是也。考其自占动静一课，知先生为衢州人，然查《衢州府志》无其姓名，尝记相知者在衢州者，访此公遗书而久不得。读杨忠愍公年谱，知公通三式之学，可见此亦为君子所不弃。晋之戴洋、唐之李靖、元之刘秉忠、耶律楚兀、明之刘青田，皆精其学，固非涉见寡闻之辈所能精通者也。

予所见各书之言善六壬者《吴越春秋》则载子胥、少伯、文种、公孙圣，《晋书》则载戴洋，《龙城录》则载冯存澄，《五代史》则载梁太祖，《夷坚志》则载蒋坚，《稗史》则允升、尧山堂，《外纪》亦载朱允升，《徽州府志》则载程九圭，《松江府志》则载陈雨化，《苏州府志》则载徐大衍、皇甫焯，《元史》则载刘文成，然古今书籍中之言善六壬者，当不止此数人，奈予未之见耳。

马端临《文献通考》之论六壬云，近世宁黾消息，而此术甚行，又云：《五代史》、《金銮密记》皆极言其验。夫所云《五代史》者，尚指《贺环传》而言，而《金銮秘记》予所见者皆摘本，未知全部中所载云何。

《毕法》以丁神带月厌、天目、飞廉、大煞、墓库、螣蛇而为本命者，宜祈祷上天星辰，庶免其凶；天网自裹宜祈祷本命星辰，鬼临三四宜去邪作福，墓虎临支宜召法官行遣，盖本邵彦和为伊知县占课而触类旁通者也。其课系癸亥日未将亥时，干上酉，三传未卯亥常贵勾龙，戌加寅命，阴巳加行年，邵公命其露天谢罪七日，寿可少延，而未言其故。予以管窥度之，盖巳为日德生气，宜修德也，乘太阴为祷祝，太常乘未发用亦为祷祝，加亥上，亥为天德，宜露天谢罪也；中传贵人为乘神祇，乘太冲而制鬼，故可少延也。其余见《断案》中，邵公为应贡元占前程，知其阴德洪大，贵寿两全；为应秀才占前程，知其孝义有亏，寿元不久；此实课中观此象非附会之言也。予屏山大兄往年亦习六壬，已未岁在金华时，曾为家云友先生占寿并终身，得干上亥水作太阴生干，断其得冥冥中之默佑。云友先生因云：十六岁时曾梦至一处，遍堆书籍，随手袖阅恰见已名在上，下注程起隆字，字云友国学生，妻祝氏，三子一女，寿六十一。寤后告人，疑信相半，迨后一一不爽，然则寿止六十有一矣。果至六十一岁患痢甚危，自以为必死，坚不服药，一日请其堂弟寄巢先生至床前曰：适见一人，手执片纸，上书程起隆有施药施棺施阴骘文之小善，准延年一季，然则今可不死矣。夫一季为三个月，今云延年一季者，意其三年乎？次日其痢渐止，服药乃痊，果延三年而寿终。可见果报之不爽，而太阴生干得冥冥中之默助，信而有征也。

歙有叔侄两人，交相为恶，唆讼诈财，欺孤灭寡，不可胜数。其侄尤多淫恶，里人畏之如虎。戊午年夏月有常遭其凌虐者，占此二人如何结局，得甲寅日返吟，干叔支侄，此定位也，各受申克，既为死神又兼暗鬼，德丧禄绝，蛇虎纷纷，岂能久乎？后二年其侄患病，众鬼凌之，而言内一女鬼尤厉，盖此女遭其淫后者，被乃夫知之，推溺于河中死也。又其亡兄亦来索命，盖乾隆五十七年汪里太为人回家葬祖，其兄分办酒席，赚有资财，乃唆其兄与人争讼，藉此卷入己囊，致其兄抱恨而卒。后凌虐其兄之子，是以其兄不甘也。患病月余，藉草卧地，木盘盛食，伏而啜之，哼哼作豕声而卒。其叔见乃侄如此，次年往九华进香，殆将忏悔。至羊叉，忽谓同伴之万官曰：人人说我是黑心，不能进香，今我何如？语毕仆地而僵，天大雷电，以风尸即溃腐。其家既得凶信，扛梓往迎，而路途相左，仍以尸舁归背现青紫痕一道，人以为灵官鞭此击云。丙辰年五月丁巳日，予卜一丙寅命人怙恶不唆，收成若何？得干上申，三传申酉戌合未蛇，从申酉金而入火库；命上又见败神，知其必败；兼带火鬼火煞死神死气，命上卯是血忌，以为不出七年，当患火症血光而亡。谁知是持刀将手足划破，向一汪姓者讹诈，致经官理论，大耗其财；而划破之处，血流不止，精神逐日消乏，恹恹而亡。予始悟申金发用，刀也；酉为小刀，亦为血也；酉戌相害，酉卯相冲，戌为足，卯为手，手足受伤也；初传从干上发出，引出许多不美，自戕也。六合而变蛇雀口舌也，申为官符煞，故具讼也；更可异者，未没之前数月，好蹲于地，仰首视人如犬之状。每一外出，群犬尝吠而啮之，此非戌为末传墓干之故欤？因备记之，即作果报观可也。

予友郑体功先生长于考据之学，尝取邵公断案一一疏明其所以然，所疏应贡元一课尤为详细，发人神智不浅；又将《心镜》全部遗予，扬州张继塘先生见之，钦佩不已。张默秀先生名维桢，戊申科副贡，芰塘其外号也，作文敏捷，顷刻而成一篇，专于天文，兼精三式之学。阮芸苔先生为诸生时，向先生问终身，先生曾许为两广总督，今已如其言矣，而先生谦谦自下，以为当时未有此言。先生与泰州团蕉墩先生交好，团先生亦善六壬，尝言占乡试会试，课象虽吉，倘有一端未善，即不可许。其继塘先生尝举以勖予，予按其说良，然当为人占得朱雀空亡而不得地者，年命上神冲克朱雀者，占乡试得木局，占会试得金局者，干支并乘败神者，纵然有籐幞青龙诸吉入课传，无益也。

六壬金口诀以方位为主，观其神将遁干而占吉凶，亦颇有验，惜其下卷歌括不甚醒，故习之者殊少。昔者屏山大兄尝以之射覆，似较大六壬为确。又尝占考试，但得天官不受伤而克遁干者，名曰官动，必取中，屡验。近于继塘先生处见《鸦池经》一册，亦非金口诀之辞也。金华府入咏门外有马姓者，丙申年春向屏山大兄占流年，大兄曰：此课极恶，夏日有跌扑之灾。盖驿马克干，又带跌扑杀也。马姓司府中房科，府堂基甚高，阶有数十级，一日马姓者失足跌下，二便出血。舁归，即云“奇哉”！

后记

大凡研究一种学术，必要从基础入门知识学起，然后习其技术系统，再而进行实践，这是一种基本学习之路。当代人研究六壬，自然也不例外于这条路。也就是说，学习研究六壬，则当要学习起课之常识，然后了解断课之基本法则，再于后来进行实践之运用。

当然，从一般学习研究六壬到想要在六壬上有所深造，则在这条普通之路上要走得更远更深。这就要求一个习壬者对六壬的原理、历史、先贤、名著等六壬方方面面的知识进行更深入的研究。因此，研究历代六壬先贤经典就成为六壬深造的必经步骤之一。

依我研究历代六壬经典名著和历代六壬大家的经验认知来看，中国传统六壬实际占断运用之中，当以宋代邵彦和先生和明代陈公献先生的壬占风格最为正统，合乎壬理规范，用之断课应验极高。也就是说，以邵彦和先生代表的宋代六壬研究风格与以明代陈公献先生代表的明代六壬研究风格，可以代表中国传统六壬的研究主流，我谓之为宋明六壬，以为宋明六壬代表了中国传统六壬的最高水平。

大概而言，宋壬是中国六壬自九天玄女造式以后发展到的一个壬学历史高峰。宋壬之占以象为主，断课丰富多彩，其以综合断事为断课主要特色，一课出来，家宅、身命、前程无所不包，壬课占断成为占卜术中最复杂综合之预测术。明壬之占以理为主，断课简约明白，其是继宋壬“花枝招展”之后向原始壬（春秋壬、战国壬到汉壬）的一次返朴归真，其占断方式以一针见血为主要断课特色，一课出来，直指要害，不讲细节，直接点出占事吉凶本末，这种简易断成为明壬之主要风格。换言之，宋壬集中体现了壬学博大精深无所不包，而明壬则体现了壬学直通大道对天地之理的高度概括。所以，学壬融宋壬、明壬于一身，庶几才有可能真正掌握壬学之大体。总而言之，宋明六壬是宋壬、明壬的总和，集中国历代壬学之大成。凡现代研究六壬者，必要寻根溯源，全面观照中国六壬发展之所有历程，提纲契要，才能了解到宋明六壬确是囊括中国壬学之精华于一体，真学者必要精研宋明六壬才能掌握中国六壬之核心理念。

当然，从艺的角度是看待六壬，掌握六壬的种种理念与宗旨固然极为重要。但是，从道的高度来看，六壬占验的本质不在于壬课如何，而在于断课者的心神。课式是定则，只有心神是灵活无穷的。六壬神课之“神”，本质上就是人心之神，也就是人身三宝“精气神”中的“神”字，只有习壬者“神活”、“神灵”，才有可能六壬课的神奇占验。换言之，六壬占课的应验，本质上应当是习壬者精神的神奇感知功能在起作用。只有壬课与神智的完美统一，才有六壬神课产生的可能，这就是壬占进入高境界必须所要了解的根本心法所在。

那么，如何提升个人的“神智”层次，这就是一个涉及到道家修炼的复杂问题了。从我多年研习道家的个人体会来讲，道家“内丹” 修炼中有关精气神相互转化的“炼精”、“炼气”、“炼神”及打通大小周天理论确有至理存在，也是可以实现的。通过的道家“内丹”修炼，的确可以提升人的精神智力层次，此点当值得习壬者们重视。

一般研习六壬者，只以六壬占验为目标，这是一般之基本认知。事实上，从六壬的古书中可以看出，用壬占出问题之后，就要有解决问题的方法跟进，这就是六壬中的“禳解”法。从六壬关于“禳解”的一些说法中，我们就会发现，六壬中所采用的“禳解”法，本质上就是道家中的道法（法术）。比如壬占中逢墓门开格，壬书中以为家中要先造棺材来进行禳解。事实上，这也就是道法中逢宅中有极凶之象，必要先造棺材来“退煞”的法则是同一原理的，全是以凶退凶的道法之术。

正是出于解决壬占中出现的各种问题，我近年来一直研究民俗、神话故事及各种道法，道法研究则以神霄雷法为主。神霄雷法集传统道法之大成，其主要创始人是北宋江西南丰道士王文卿先生，我于今年六月份特地从北京去往南丰，寻访王文卿先生故里。神霄雷法强调天人合一、人神一体，运用“法行先天之气，将用自己元神”之理，以我一身之气合乎天地之气，以我一身之神合乎天地之神来实现道法的运用。在六壬（包括其他术数风水、八字）实践中，引用神霄雷法的确可以起到禳解、化厄、退煞、祈福、趋吉、迎祥的神奇作用。

综上所言，我之以为六壬要到至高境界，必先要精研壬理（六壬课理），其次再来涵养精神。最后，更要研习道法，以道为体，以法为用，才可以用壬课等术数来服务百姓，利益众生。

《六壬经典汇要》一书的点校出版，就是习壬者研究宋明六壬的起点之一，也就是六壬研究的第一步工作，先来深入研究六壬课理，只有课理通了，才能讲涵养精神、研习道法等后来之事。

当然，以上观点只是我对六壬认知的一家之言，希望广大读者多提意见，也希望壬学界同仁们多多赐教。

我的电话：010-87867781，13522501712；网址：http://www.xwgzy.com；通讯地址：北京丰台区光彩路72号院5号楼3单元502室；邮编：100079。

徐伟刚

2010年6月15日亥时三刻于北京